かっこいい小学生になろう

Z会
グレードアップ
問題集

小学2年

国語

読解

はじめに

Z会は「考える力」を大切にします

『Z会グレードアップ問題集』は、教科書レベルの問題集では物足りないと感じている方・難しい問題にチャレンジしたい方を対象とした問題集です。当該学年での学習事項をふまえて、発展的・応用的な問題を中心に、一冊の問題集をやりとげる達成感が得られるよう内容を厳選しています。少ない問題で最大の効果を発揮できるように、通信教育における長年の経験をもとに〝良問〟をセレクトしました。単純な反復練習ではなく、一つ一つの問題にじっくりと取り組んでいただくことで、本当の意味での「考える力」を育みます。

単なる文章読解にとどまらない総合的な読解力の基礎を

国語は、すべての学習の基礎となる教科です。そして、学習だけでなく、生活すべての土台となると言ってもよいでしょう。しかし、国語の力は、母語とはいえ、自然と身につくものではありません。しっかりとした読解力は訓練することで磨かれます。

そこで、本書では、数多くの多様な文章を用いて、厳選した読解問題に取り組みます。また、文章読解だけでなく、インタビューや話し合いの読み取り、書く活動、古文・漢文の音読なども取り入れ、単なる文章読解にとどまらない総合的な読解力の基礎を身につけることができます。

国語の学習を継続させるためには、「国語は楽しい」と思えることが不可欠です。本書では、お子さまの興味・関心の幅が広がるような文章を厳選しました。問題に取り組むうちに、お子さまが「自ら学ぶ力」を開花させることを願ってやみません。

かっこいい小学生になろう

Z会グレードアップ問題集

小学2年

国語

読解

Z-KAI

この 本の つかい方《かた》

1 この本はぜんぶで42回《かい》あるよ。1からじゅん番《ばん》に、1回分《かいぶん》ずつやろう。

2 1回分《かいぶん》がおわったら、おうちの人に丸《まる》をつけてもらおう。

3 丸《まる》をつけてもらったら、つぎのページにあるもくじにシールをはろう。

4 これができると かっこいい！ でしょうかいしていることは、だいじなことだからおぼえておこうね。

保護者の方へ

お子さまの学習効果を高め、より高いレベルの取り組みをしていただくために、保護者の方にお子さまと取り組んでいただく部分があります。「解答・解説」を参考にしながら、お子さまに声をかけてあげてください。

お子さまが問題に取り組んだあとは、丸をつけてあげましょう。また、各設問の配点にしたがって、点数をつけてあげてください。

なお、読解の仕方を学ぶための「ポイント」の回は、「解答・解説」ではなく、回の中に設けられている「こたえ」のコーナーをご参照ください。

いっしょにむずかしいもんだいにちょうせんしよう！

イーマル

ミルマリ

イワンコ

もくじ

おわったらシールをはろう。

第1回

ものがたりのポイント

場《ば》めんをおさえる

つぎの文しょうを読《よ》んで、もんだいに答《こた》えましょう。

「いたっ！」

なわとびのなわが足にからまって、まなはころんでしまいました。明日《あした》、学校でなわとびのテストがあるのです。でも、まなはなわとびがにがてで、少《すこ》ししかとべません。それで公園《こうえん》でれんしゅうをしていたのですが、なかなかうまくなりません。

もう家《いえ》に帰《かえ》ろうかと思《おも》ったところで、同《おな》じクラスのちかちゃんが来《き》ました。ちかちゃんは、まながなわとびのれんしゅうをしていると聞《き》き、れんしゅうをてつだおうと思《おも》って、公園《こうえん》に来《き》てくれたのです。

もんだいに答えよう

3 まなは、どうして公園《こうえん》でなわとびをしていたのですか。

4 ちかちゃんはどうして公園《こうえん》に来《き》たのですか。

学習日　月　日

たしかめよう

1 まなは、どこにいるのかな。

2 まなは、何《なに》をしているのかな。

まずはとう場人《じょうじん》ぶつをとらえよう。だれがどこで何《なに》をしているのかな。

これができるとかっこいい！

ものがたりを読《よ》むときは、「だれが」「いつ」「どこで」「どうした」のかをおさえながら読《よ》もう。「どうして」という理《り》ゆうや「どうなった」というへんかもとらえることができるとかっこいいよ。

答え

たしかめよう

1 公園《こうえん》

2 なわとびのれんしゅう。

もんだいに答えよう

3 明日《あした》、学校《がっこう》でなわとびのテストがあるが、なわとびがにがてで、少《すこ》ししかとべないから。

4 まながなわとびのれんしゅうをしていると聞《き》き、れんしゅうをてつだおうと思《おも》ったから。

第2回 ものがたり 場《ば》めんをおさえる ①

つぎの文しょうを読《よ》んで、下のもんだいに答《こた》えましょう。


「さあ、のぶゆき。こんどはきょうそうだ。」

「わあーい、うれしいなあ。」

「あそこに立っている三本のきりの木をターンしていこう。」

「うん！」
①ぼくの心《しん》ぞうがどきどきおどる。
「よーい……、スタート！」

父《とう》さんのはずんだかけ声《ごえ》。

「ゆけ！」
②ぼくの*ストックに力が入った。
(ぜったいまけないぞ。)

さいしょのきりの木はぶじつうか。

父《とう》さんが、ぼくのよこにぴったりついてすべっ

1 ――①とありますが、「ぼく」は何《なに》をしようとしているところなのですか。（一つ20点《てん》）

[　　　　]と[　　　　]をしようとしているところ。

2 ――②とありますが、この時《とき》、「ぼく」はどんなことを考《かん》えていましたか。（30点《てん》）

[　　　　]ということ。

学習日　月　日

得点　／100点

ている。

「もっとひざをまげて！」

ぐーんとスピードがました。

二本目のきりの木にさしかかった。

「*テールをひらいて……そうだ、いいぞ。」

父《とう》さんの力強《ちからづよ》い声《こえ》。

さいごのきりの木もうまくカーブを切《き》ることができて、ゴールイン。
③「やったあ！」
ぼくは、夕やけ空にむかって、ストックをふり上げた。

「のぶゆきのかちだな。」

父《とう》さんも、りょう手を高《たか》く広《ひろ》げた。

＊ストック＝スキーでつかうつえ。
＊テール＝スキーのいたの後《うし》ろのぶぶん。

3 ――③、ぼくが「やったあ！」と言《い》ったのはなぜですか。（　）に○を書《か》きましょう。（30点《てん》）

ア（　）ゴールまでころばずにすべることができたから。

イ（　）父《とう》さんにしかられずにすんでほっとしたから。

ウ（　）父《とう》さんよりも先にゴールすることができたから。

出典★岡本《おかもと》みちお 作『ぼくととうさんのVサイン』
あかね書房刊　より

第3回 ものがたり 場《ば》めんをおさえる②

遠足《えんそく》で山に来《き》たひでやは、一人《ひとり》であそんでいるうちに、みんなを見うしなってしまいました。つぎの文しょうを読《よ》んで、下のもんだいに答《こた》えましょう。

おくれてしまったことに気がついたひでやは、走《はし》り出《だ》しました。

ところが、①おちばでずるーんとすべって、道《みち》をふみはずしてしまいました。

「あ、あ、あ！」

ひでやはしりもちをついたまま、木の間《あいだ》のおちばのさかを、目が回《まわ》るようなはやさですべっていきました。

シャボン玉のどうぐも、おとしてしまいました。

あっ、大きな木にぶつかりそうです。

②ひでやはさけびました。

「たすけてー！」

1 ——①とありますが、ひでやはこのとき何《なに》をしているところだったのですか。（一つ15点《てん》）

みんなから [　　] しまったことに気がついて、[　　] いるところ。

2 ——②とありますが、ひでやがさけんだのはどうしてですか。（30点《てん》）

[　　]

学習日　月　日

得点　／100点

「たすけるよー。」

③子どもたちが木の間《あいだ》からとび出してきて、ひでやの体《からだ》をだきとめてくれました。

「ああ、よかった！　ありがとう。」

ほっとして、たすけてくれた子を見ると、みんな、④ひでやの知《し》らない子です。

「きみたち、だれ？」

「おにの子よ。」

大きい女の子がそう答《こた》えたので、ひでやはびっくりしました。

「うそ！　おにの子だって！」

3　——③とありますが、子どもたちは何《なん》のためにとび出《だ》してきたのですか。（25点《てん》）

4　——④とありますが、子どもたちはだれだったのですか。（15点《てん》）

出典★古田足日《ふるたたるひ》作『ひみつのやくそく』ポプラ社刊　より

第4回

いろいろな文
手紙《てがみ》を読《よ》む

つぎの手紙《てがみ》を読《よ》んで、下のもんだいに答《こた》えましょう。

このごろ、だんだんとさむくなってきました。おじいちゃん、おばあちゃんは、かぜをひいていませんか。元気《げんき》ですか。

ぼくは、元気《げんき》です。

ぼくのたん生日に、プレゼントをおくってくれて、どうもありがとう。

プレゼントしてもらった自《じ》てん車《しゃ》、とても気に入っています。①さいしょはもったいなくて、のらずに見ているだけだったけれど、お父《とう》さんに、

「のらないと、もっともったいないよ。」

と言《い》われて、のるようになりました。今《いま》は、ほとんど毎日《まいにち》のっています。すてきな自《じ》てん車《しゃ》をプレゼントしてくれて、本当《ほんとう》にありがとう。

②自《じ》てん車《しゃ》のおれいに、ぼくからもプレゼント

1 だれがだれに書《か》いた手紙ですか。（一つ15点《てん》）

だれが

だれに

2 ——①とありますが、もったいなくてのらなかった自《じ》てん車《しゃ》にのるようになったのはどうしてですか。（20点《てん》）

学習日　月　日

得点　/100点

をおくります。
おじいちゃんにはペン立て、おばあちゃんには絵《え》です。ペン立ては、お父《とう》さんといっしょに作《つく》りました。絵《え》は、しゃしんを見ながらかきました。
気に入ってもらえたら、うれしいです。
おじいちゃん、おばあちゃんに、お正月に会《あ》えるのを楽《たの》しみにしています。

十一月十五日

かける

おじいちゃん、おばあちゃんへ

3 ――②、おじいちゃんとおばあちゃんに、おれいに何《なに》をおくることにしたのですか。（一つ15点《てん》）

・おじいちゃん

・おばあちゃん

4 この手紙《てがみ》は何《なに》をつたえる手紙《てがみ》ですか。（　）に○を書きましょう。（20点《てん》）

ア（　）かぜが早くなおるように心《しん》ぱいしていることをつたえる手紙《てがみ》。

イ（　）お正月におじいちゃんとおばあちゃんに会《あ》いたいということをつたえる手紙《てがみ》。

ウ（　）たん生日プレゼントをおくってもらったおれいをつたえる手紙《てがみ》。

第5回

生活文《せいかつ》を読《よ》む

いろいろな文

つぎの生活文《せいかつぶん》を読《よ》んで、下のもんだいに答《こた》えましょう。


今日《きょう》、わたしは、家《いえ》のおてつだいをたくさんしました。

まずは、せんたくものをとりこむおてつだいをしました。そのあと、せんたくものをお母《かあ》さんといっしょにたたみました。わたしは、シャツやズボンはうまくたためないので、くつ下をそろえました。

そのあと、①お母《かあ》さんといっしょに夕ごはんのしたくもしました。そのとき、わたしはお米《こめ》をとぐことをてつだいました。お米《こめ》を入れたかまにお水を入れて手でかきまぜると、お水が白くにごってびっくりしました。お母《かあ》さんに、

「三回《かい》くらいお水を入れかえてね。」

1 この生活文《せいかつぶん》は、何《なに》をしたときのことを書《か》いたものですか。（20点《てん》）

[　　　　　　　]をたくさんしたときのこと。

2 ——①とありますが、「わたし」は何《なに》をてつだいましたか。（20点《てん》）

[　　　　　　　]

学習日　月　日

得点　／100点

と言《い》われたので、②三回《かい》お米《こめ》をといで、お水を入れかえました。お水を入れかえるとき、お米《こめ》がこぼれないようにちゅういしました。

お父《とう》さんが帰《かえ》ってきたので、夕ごはんになりました。お父《とう》さんに、

「今日のお米《こめ》、わたしがといだんだよ。」

と言ったら、お父《とう》さんは
「お母《かあ》さんのおてつだいをして、えらいね。」

と言ってくれました。お母《かあ》さんも、

「たくさんおてつだいしてくれたから、たすかったわ。」

と言ってくれました。今日だけじゃなくて、明日《あした》もたくさんおてつだいしたいと思《おも》います。

3 ――②とありますが、お水を入れかえるとき、「わたし」はどんなことにちゅういしましたか。（30点《てん》）

4 たくさんおてつだいをした「わたし」は、お父《とう》さんとお母《かあ》さんにほめられて、どんなことを考《かんが》えましたか。（30点《てん》）

第6回

はいくを作《つく》ろう

かく

日本には、古《ふる》くから「はいく」という文化《ぶんか》があります。はいくを作《つく》ってみましょう。

はいくのきまり

1 「五・七・五」の十七音で作《つく》る。
さいしょのまとまりを五音・つぎのまとまりを七音・さいごのまとまりを五音でよむきまりになっています。

「きゃ」「きゅ」「きょ」などは、一音と数《かぞ》えるよ。

ぼくは、夏《なつ》をあらわす「プール」ということばと、秋《あき》をあらわす「すすき」ということばをつかってはいくを作《つく》ってみたよ。

夏《なつ》が来《き》た　プールはじまる　うれしいな

帰《かえ》り道《みち》　すすきゆらゆら　ゆれていた

学習日
月　日

2 きせつのことば（季語《きご》）をよみこむ。

日本には、春《はる》・夏《なつ》・秋《あき》・冬《ふゆ》という四つのきせつがあります。それぞれのきせつをあらわすことばを一つ入れて、はいくを作《つく》ります。

れい

春《はる》…さくら・入学・うぐいす・ちょうちょ

夏《なつ》…ひまわり・夏《なつ》まつり・せみ・うちわ

秋《あき》…もみじ・赤《あか》とんぼ・さんま・いねかり

冬《ふゆ》…みかん・雪《ゆき》だるま・こたつ・おちば

なの花や（五）　月は東《ひがし》に（七）　日は西《にし》に（五）

「春《はる》」をあらわすことば

1 はいくを作《つく》りましょう。

1 きせつをきめましょう。

2 そのきせつをあらわすことばを考《かんが》えましょう。

3 考《かんが》えたきせつをあらわすことばをつかって、はいくを作《つく》りましょう。「五・七・五」ということばの数《かず》になるようにちゅういしましょう。

第7回

せつ明文のポイント

話《わ》だいを読《よ》みとる

つぎの文しょうを読《よ》んで、もんだいに答《こた》えましょう。

かぜをひくと、はな水が出たり、せきが出たりしますね。どうしてはな水やせきが出るか知《し》っていますか。はな水やせきが出るのがいやだと思《おも》う人も多《おお》いかもしれませんが、かぜのときに出るはな水やせきには、ちゃんといみがあるのです。

かぜは、ウイルスというものが体《からだ》の中に入ることがげんいんでおこります。ウイルスが体《からだ》の中にあると、いろいろとわるさをするので、わたしたちの体《からだ》はウイルスを外《そと》に出そうとします。そのために出るのがはな水やせきなのです。

わたしたちの体《からだ》には、ウイルスとたたかうしくみがあり、はな水やせきもそのしくみの一つです。

もんだいに答えよう

3 かぜをひいたとき、はな水やせきは、何《なん》のために出るのですか。

4 かぜをひいたとき、はな水やせきが出るのは、わたしたちの体《からだ》にどんなしくみがあるからですか。

学習日　月　日

たしかめよう

1 この文しょうは、何《なに》についてせつ明《めい》しているのかな。（　）に○を書《か》こう。

ア（　）かぜをひいたときのつらさ。

イ（　）かぜのときにはな水やせきが出る理《り》ゆう。

ウ（　）かぜをひかないようにする方《ほう》ほう。

2 右の文しょうの内《ない》ようとあっていれば○を、まちがっていれば×を（　）に書《か》こう。

ア（　）わたしたちの体《からだ》の中のウイルスはかぜとたたかっている。

イ（　）かぜのげんいんはウイルスが体《からだ》の中に入ることである。

ウ（　）かぜのときに出るはな水やせきは、体《からだ》にわるさをするものである。

これができると かっこいい！

せつ明《めい》文の話《わ》だいを読《よ》みとるときには、といかけの形《かたち》になっている文にちゅう目《もく》できるとかっこいいよ。

答え

たしかめよう

1 イ

2 ア＝×　イ＝○　ウ＝×

もんだいに答えよう

3 ウイルスを体《からだ》の外《そと》に出すため。

4 ウイルスとたたかうしくみ。

第8回

せつ明文 話《わ》だいを読《よ》みとる ①

つぎの文しょうを読《よ》んで、下のもんだいに答《こた》えましょう。

ニホンザルの赤ちゃんは、一年に一回《かい》、春《はる》から夏《なつ》にかけて生まれます。ほかのどうぶつのように、赤ちゃんをそだてるすがないので、①母親《ははおや》ザルは一日中、赤ちゃんをだいていなくてはなりません。

赤ちゃんザルのしごとは、おちちをたっぷりのんで、よくねむること。一日一〇時間《じかん》いじょうもねむっています。のんきな毎日《まいにち》ですね。

赤ちゃんザルといっても、ものをにぎる力は強力《きょうりょく》です。母親《ははおや》のむねからおちないように、しっかりぶら下がっています。三、四か月もすると、おんぶができるようになります。

生まれて三か月、赤ちゃんザルは食《た》べものをのみこむことができるようになります。母親《ははおや》ザルが

1 上の文しょうは、何《なに》についてせつ明《めい》していますか。（　）に○を書《か》きましょう。（15点《てん》）

ア（　）サルのむれのきまり。
イ（　）赤ちゃんザルのあそび。
ウ（　）赤ちゃんザルのくらし。

2 ——①とありますが、母親《ははおや》ザルが一日中赤ちゃんザルをだいていなければならないのはどうしてですか。（20点《てん》）

学習日　月　日
得点　/100点

何《なに》か食《た》べていると、しきりにほしがります。でも、②あげたりはしません。サルの社会《しゃかい》では、食《た》べものは自分《じぶん》でさがさなければならないのです。

赤ちゃんザルが歩《ある》き出《だ》すのは、三か月目くらいから。といっても、はじめはピョンピョンとカエルとび。母親《ははおや》はつきっきりです。

赤ちゃんザルが歩《ある》けるようになると、目がはなせません。母親《ははおや》ザルは、自分《じぶん》の手のとどくはんいで、赤ちゃんをあそばせます。三、四メートルもはなれたら、それこそたいへん。あわてて、だきよせます。

3 ――②とありますが、母親《ははおや》ザルが赤ちゃんザルに食《た》べものをあげないのはどうしてですか。（20点《てん》）

4 上の文しょうの内《ない》ようとあっているものには○を、まちがっているものには×を（　）に書《か》きましょう。（一つ15点《てん》）

ア（　）生まれて二か月で、赤ちゃんザルは食《た》べものをのみこむことができるようになる。

イ（　）赤ちゃんザルは生まれて三、四か月もすると、おんぶができるようになる。

ウ（　）赤ちゃんザルが歩《ある》き出《だ》すと、母親《ははおや》ザルは目をはなすことができる。

出典★西川治《にしかわおさむ》著『科学のアルバム8 ニホンザル』あかね書房刊 より

第9回 せつ明文 話《わ》だいを読《よ》みとる ②

つぎの文しょうを読《よ》んで、下のもんだいに答《こた》えましょう。

森や野原《のはら》だけでなく、池《いけ》や川にもたくさんのこん虫がすんでいます。ゲンゴロウ、トンボ（ヤゴ）、カワゲラ、カゲロウ、アメンボ、ユスリカなど、いろいろです。アメンボは水の上（水《すい》めん）だけでくらしています。そのうごきはまるでスケートをしているようです。

アメンボはとても長《なが》い足をもつことや水の上にいることで、かわったこん虫のような気がしますが、じつはカメムシのなかま（カメムシ目《もく》）なのです。長《なが》いしょっかく、はりのような口など、顔《かお》はカメムシにそっくりです。

カメムシるいの中には水のあるところ（水ぎわ、水めん、水中）にすむものがあり、アメンボもそ

1 上の文しょうは、何《なに》についてせつ明《めい》していますか。（20点《てん》）

2 アメンボとコオイムシはそれぞれどこで生活《せいかつ》していますか。ひょうにまとめましょう。（一つ15点《てん》）

① アメンボ	
② コオイムシ	

学習日　月　日

得点　／100点

の一つです。アメンボのように水ぎわや水めんで生活《せいかつ》するものを半水生《はんすいせい》カメムシるい、コオイムシのように水中で生活《せいかつ》するものを水生カメムシるいとよびます。

アメンボの頭《あたま》には大きな目、長《なが》いしょっかく、そして太《ふと》いはりのような口（口《こう》ふん）があります。また、むねの下がわ（ふくめん）のまん中には一つの小さなあながあります。これは、においを出すところ（しゅうせん）で、アメンボのあまったるいようなにおいはここから出ます。アメンボという名前《なまえ》はこのにおいがあめ（くすりあめ）ににていることからつけられました。

3 アメンボは、どんな生きものですか。上の文しょうの内《ない》ようとあっているものには○を、まちがっているものには×を（　）に書《か》きましょう。（一つ10点《てん》）

ア（　）はりのような口をしている。

イ（　）頭《あたま》にみじかいしょっかくがある。

ウ（　）頭《あたま》の下に小さなあながある。

4 アメンボという名前《なまえ》は、どうしてつけられたのですか。（20点《てん》）

アメンボの出すあまったるいようなにおいが、［　　　　　　　　　　］から。

出典★佐藤有恒《さとうゆうこう》・林正美《はやしまさみ》著『アメンボ　コオイムシ・タガメ』誠文堂新光社刊　より
※問題作成の都合上、問題文に一部省略箇所があります。

第10回

よむ

声《こえ》に出して読《よ》もう　～しょっぱいうみ～

学習日　月　日

1 つぎのしを声《こえ》に出して読《よ》みましょう。

しょっぱい　うみ

うみは　まずい
しょっぱくて　にがい
だけどさかなは
ごっくんごっくんのんじゃって
のんじゃって
いったいこったい
いったいこったい
どうなってんのかな

2 上のしを書《か》きうつしましょう。書《か》きうつすときは、上のしと同《おな》じところで行《ぎょう》をかえましょう。

しょっぱい　うみ

うみは　ひえる
ひゃっこくて　さむい
だけどさかなは
ひなたぼっこもせずに
すいすいすい
いったいこったい
いったいこったい
どうなってんのかな

大きな声《こえ》で読《よ》んで、おうちの人に聞《き》いてもらおう。
一つめのまとまりと二つめのまとまりのリズムがそろっていることに気がついたかな？

出典★阪田《さかた》寛夫《ひろお》著『サッちゃん』国土社刊　所収
「しょっぱい　うみ」より

第11回

ものがたりのポイント

気もちを読《よ》みとる

つぎの文しょうを読《よ》んで、もんだいに答《こた》えましょう。

　きのうの夜《よる》、かえでちゃんの家《いえ》でかっていたねこのタマがにげ出してしまいました。家《か》ぞくみんなで家《いえ》のまわりをさがしましたが、タマは見つかりませんでした。
　かえでちゃんは、今日《きょう》も朝《あさ》からタマをさがしました。でも、見つかりません。
　とぼとぼと家《いえ》の近《ちか》くまでもどって来《き》たとき、門《もん》のかげで、茶色《ちゃいろ》いものがうごくのが見えました。タマでした。
　かえでちゃんは大よろこびでかけだしました。タマもミャアミャア鳴《な》いて、かえでちゃんにとびつきました。

もんだいに答えよう

3 タマが見つかった時《とき》、かえでちゃんはどうしましたか。

4 タマが見つかった時《とき》、かえでちゃんはどんな気もちでしたか。（　）に○を書《か》きましょう。

ア（　）はらを立てる気もち。
イ（　）うれしい気もち。
ウ（　）くやしい気もち。

学習日　月　日

たしかめよう

1 かえでちゃんは、家《いえ》までもどる時《とき》、どんなようすで歩《ある》いていたかな。

［　　　　　］と歩《ある》いていた。

2 かえでちゃんは、家《いえ》までもどる時《とき》、どんな気もちだったかな。（　）に○を書《か》こう。

ア（　）楽《たの》しい気もち。
イ（　）たいくつな気もち。
ウ（　）かなしい気もち。

これができるとかっこいい！

とう場人《じょうじん》ぶつのようすにちゅう目して、気もちをとらえてね。気もちのへんかにも気をつけて読《よ》めるとかっこいいよ。

答え

たしかめよう

1 とぼとぼ
2 ウ

もんだいに答えよう

3 大よろこびでかけだした。
4 イ

第12回 ものがたり 気もちを読《よ》みとる ①

つぎの文しょうを読《よ》んで、下のもんだいに答《こた》えましょう。

たあくんは、①くっつき虫のまねっこ。

わたしが学校から帰《かえ》るのを、いつもまっている。

そして、

「お姉《ねえ》ちゃん、お姉《ねえ》ちゃん。」って、ついてくるの。

そうなの。弟《おとうと》は、わたしがするとおりに、したがるのよ。

この前《まえ》も、つみ木を高《たか》くつんで、東京《とうきょう》タワーにしていると、すぐよこで、つみ木をはじめたの。

「そんなにくっつかないで。もっとむこうで、してよ。」

と言《い》ったのに、うごかない。

そして、弟《おとうと》の下手《へた》なつみ木が、わたしのほうに②くずれたの。だから、東京《とうきょう》タワーは、ばらばら……

1 ――①とありますが、そんなたあくんのことを、「わたし」はどう思《おも》っていますか。（　）に○を書《か》きましょう。（30点《てん》）

ア（　）あとをついてくるたあくんをかわいいと思《おも》っている。

イ（　）くっついたり、まねをしたりしてくれてうれしいと思《おも》っている。

ウ（　）くっついたり、まねをしたりしないでほしいと思《おも》っている。

2 ――②とありますが、この時《とき》、「わたし」はどんな気もちになりましたか。（　）に○を書《か》きましょう。（30点《てん》）

学習日　月　日

得点　／100点

ばらよ。

「あっちでしてって言《い》ったのに。」

しかたなくはなれると、

「たあくんもたあくんも。」

とくっついてきて、またそばで、つみ木をはじめたの。

③わたし、一かいにいる母《かあ》さんをよんだ。

「たあくんったら、言《い》うことをきかないよ。たあくんのつみ木が当《あ》たっていっしょにくずれるから、はなれてほしいの。」

ア（　）びくびくする気もち。

イ（　）どきどきする気もち。

ウ（　）いらいらする気もち。

3 ――③とありますが、「わたし」は、どうして母《かあ》さんをよんだのですか。（一つ20点《てん》）

たあくんに［　　　　］と

言《い》ったのに、たあくんが

［　　　　　　　］から。

出典★あまんきみこ作『わたしのおとうと』学研刊 より

第13回

ものがたり

気もちを読《よ》みとる ②

学習日　月　日

得点　/100点

つぎの文しょうを読《よ》んで、下のもんだいに答《こた》えましょう。

「つぎは一ちちおや一クラスたいこうリレーでーす。」

教頭《きょうとう》先生のアナウンスの声《こえ》が、校ていにひびきます。

午前中《ごぜんちゅう》にあったときょう走《そう》で、あいは〝どっくん〟のおかげでみごと一とうになりました。

①こんどは、いよいよお父《とう》さんの番《ばん》です。

一組《くみ》から四組《くみ》までのお父《とう》さんがならんで、かけ足で入場門《にゅうじょうもん》からスタートラインにむかいます。

あいのクラスの二組《くみ》は青のはちまきです。

あいのお父《とう》さんは、れつのいちばん後《うし》ろ、アンカーのしるしのたすきをかけています。

「あいちゃんのお父《とう》さん、かっこいい！」

1 ——①とありますが、お父《とう》さんは何《なに》にさんかするのですか。（30点《てん》）

2 ——②、あいは、どんなことを「きたい」しているのですか。（40点《てん》）

そう言《い》ったのはつついあきらくんです。

「あいちゃんのお父《とう》さんがさいごだからあんしんだね。」

「本当《ほんとう》だ、はやそう！」

クラスのみんなが、くちぐちに言《い》います。

きっとお父《とう》さんは、やってくれる。

だってあれだけれんしゅうしたんだもの。

でも、ほかの組《くみ》のお父《とう》さんもはやそうに見える

……。

あいは、②きたいと③ふあんで、むねがどきどきしてきました。

3 ――③、あいは、どんなことを「ふあん」に思《おも》っているのですか。（　）に○を書《か》きましょう。（30点《てん》）

ア（　）あいのお父《とう》さんよりもほかのお父《とう》さんのほうがかっこいいと言《い》われるのではないかということ。

イ（　）あいのお父《とう》さんがほかの組《くみ》のお父《とう》さんにまけてしまったらどうしようということ。

ウ（　）あいのお父《とう》さんがかったらほかの組《くみ》の子からせめられてしまうのではないかということ。

出典★そうまこうへい作『お父さんのVサイン』小峰書店刊　より

第14回

よむ

子ねこのラブはみんなの天使《てんし》

学習日　月　日

つぎの文しょうを読《よ》みましょう。読《よ》んだら、かんそうらんにかんそうを書《か》きましょう。

「どこでもらってきたのよ。」

千恵《ちえ》がふりかえると、きがえをすませたお母《かあ》さんが、後《うし》ろに立っています。

「ミキちゃんのとなりの、おばあちゃんち。」

「じゃあ、お母《かあ》さん、かえしてきてあげる。」

「やだ、かえしちゃ。それに、このねこもらうこと、お母《かあ》さんもさんせいだって、わたし、おばあちゃんに話《はな》しちゃったんだもん。」

「かってに、そんなことを……。」

「おねがい、お母《かあ》さん、かってもいいでしょ。ねえ、いいでしょう。」

「だめ、それだけはだめ！　子どもがもう一人《ひとり》ふえるのと、おんなじことなんだから。子どもは、幸助《こうすけ》と千恵《ちえ》だけで、お母《かあ》さん、もうたくさん。かえせないんなら、お母《かあ》さんがどこかに、すててきてあげる。」

お母《かあ》さんはげんかんにおり、サンダルをはきました。

千恵《ちえ》は、わーっとなき出して、ダンボールのはこを、しっかりだきしめました。

お母《かあ》さんは、上手《じょうず》に千恵《ちえ》の手からはこをとり上げて、出ていってしまいました。千恵《ちえ》は、思《おも》い切《き》り大きい声《こえ》でなきました。

「ただいま。」

目の前《まえ》で声《こえ》がします。千恵《ちえ》はぎくっとして、いそいでなみだをふきました。お兄《にい》ちゃんが立っています。

「どうしたんだよ、千恵《ちえ》。お母《かあ》さんにしかられたのか。いったい何《なに》やらかしたんだよ。」

やさしい声《こえ》でした。千恵《ちえ》はお兄《にい》ちゃんを見上げて、むちゅうで話《はな》しはじめました。

「なんにもやってない。かわいい子ねこ、もらってきただけなの。お母《かあ》さん、かっちゃだめって、すてに行《い》っちゃった。」

千恵《ちえ》は、またなき出しました。

「小さいやつか？」

「うん……生まれてまだ……四日目だって。」

「よし、千恵《ちえ》、お兄《にい》ちゃんといっしょに、そのねこ、かおうよ。おれ、母《かあ》さん、さがしてくる。」


どのくらい時間《じかん》がたったでしょうか。千恵《ちえ》はそのまま、うすぐらい上がり口にすわっていました。

「千恵《ちえ》！　千恵《ちえ》の子ねこが、もどってきたぞ！」

お兄《にい》ちゃんが、ダンボールのはこをかかえてとびこんできました。

「ほんと!?　ほんと、お兄《にい》ちゃん!?」


千恵《ちえ》は、とび上がりました。

子ねこは、はこの中ですみのほうにはなをくっつけ、もぐるところをさがしています。

千恵《ちえ》は、子ねこをはこから出して、だきしめました。

そしてふわふわの頭《あたま》に、なんどもほっぺをこすりつけました。

出典★嶋田《しまだ》きみこ 作『子ねこのラブはみんなの天使』
金の星社 刊

かんそうを　かこう

第15回

こそあどことばをおさえて読《よ》む

せつ明文のポイント

つぎの文しょうを読《よ》んで、もんだいに答《こた》えましょう。

じしんは、どうしておきるのでしょうか。

地球《ちきゅう》のひょうめんは、とてもあつい岩《いわ》でおおわれています。①これを、プレートといいます。プレートは一つだけではありません。いくつかのプレートがあつまって、地球《ちきゅう》のひょうめんをおおっているのです。

そして、このプレートはうごいています。プレートどうしがおし合《あ》ったりずれたりしたとき、大きな力がはたらいて、②その力によって、地《じ》めんが大きくゆれるのです。

③このようにして、じしんがおきるというわけです。

もんだいに答えよう

3 ――③とありますが、どのようにしてじしんはおきるのですか。

地球《ちきゅう》のひょうめんをおおっている［　　　　］どうしがおし合《あ》ったりずれたりしたときにはたらく［　　　　］によって、地《じ》めんが［　　　　］ことでおきる。

学習日　月　日

たしかめよう

1 ——①、「これ」は何《なに》をさしているのかな。

2 ——②、「その力」とはどんな力かな。（　）に○を書《か》こう。

ア（　）大きなプレートがわれるときにはたらく大きな力。

イ（　）プレートどうしがぶつからないようにうごくときにはたらく大きな力。

ウ（　）プレートどうしがおし合《あ》ったりずれたりしたときにはたらく大きな力。

これができるとかっこいい！

せつ明《めい》文は、こそあどことばが何《なに》をさしているのかをおさえながら読《よ》めるとかっこいいよ。
こそあどことばがさしていることばは、こそあどことばよりも前《まえ》のぶぶんからさがすといいよ。

答え

たしかめよう

1 とてもあつい岩《いわ》

2 ウ

もんだいに答えよう

3 プレート・大きな力・大きくゆれる

第16回

こそあどことばをおさえて読《よ》む ①

せつ明文

学習日　月　日

得点　／100点

つぎの文しょうを読《よ》んで、下のもんだいに答《こた》えましょう。

アスファルトをしきつめたどうろ、コンクリートのたてものが立ちならぶ都会《とかい》でも、ビルのおくじょうにある植木《うえき》にとまって、鳴《な》いているセミをよく見かけます。きせつやしぜんをわすれかけている都会《とかい》の人びとに、「夏《なつ》が来《き》ましたよ。」とよびかけているのでしょう。

「セミが鳴《な》きやむと、雨」ということわざがあります。

①これは、②通《とお》り雨《あめ》を当《あ》てることわざです。夏《なつ》の朝《あさ》は晴《は》れていても、昼《ひる》すぎからとつぜん雲《くも》がむくむくとわいてきて、午後《ごご》から夕方《ゆうがた》にかけて、にわか雨がふることがよくあります。

この、通《とお》り雨《あめ》のよほうは、たいへんにむずかし

1　――①、「これ」は何《なに》をさしていますか。（20点《てん》）

2　――②、「通《とお》り雨《あめ》」とはどのような雨ですか。（　）に○を書《か》きましょう。（20点《てん》）

ア（　）晴《は》れている夏《なつ》の朝《あさ》にきゅうにふる強《つよ》い雨。

イ（　）夏《なつ》の午後《ごご》から夕方《ゆうがた》にかけてふるにわか雨。

ウ（　）むくむくとわいた雲《くも》からふりつづく雨。

いものです。はげしい雨がふりますが、③そのはんいはせいぜい数《すう》キロメートルと、せまいものだからです。

電車《でんしゃ》にのっていて、前《まえ》のえきではどしゃぶりだったのが、つぎのえきでは雨がふったあともない、ということをけいけんした人もあるでしょう。

こんなとき天気よほうで、「にわか雨がある。」とよほうされていたとすると、前《まえ》のえきにいる人は ア と思《おも》い、つぎのえきにいた人は イ と思《おも》うでしょう。

このにわか雨をひかくてきよく当《あ》てるのがセミです。もっとも雨が今《いま》にもふりそうなときでないと教《おし》えてくれないというものですが、学校からいそいで帰《かえ》ったり、せんたくものをとりこんだりするくらいのよゆうはありそうです。

3 ――③とありますが、どのはんいですか。（20点《てん》）

4 ア ・ イ には「当《あ》たった」「はずれた」のどちらのことばが入るでしょうか。それぞれ答《こた》えましょう。（一つ20点《てん》）

ア

イ

出典★塚本治弘《つかもとはるひろ》 著『じぶんでできる天気予報』ポプラ社刊 より

せつ明文

こそあどことばをおさえて読《よ》む②

学習日　月　日

得点　／100点

つぎの文しょうを読《よ》んで、下のもんだいに答《こた》えましょう。

みずうみにうかぶしまのようなもの、①これがビーバーのすです。

はじめて近《ちか》くでビーバーのすを見た時《とき》、わたしはとてもびっくりしました。じょうよう車と同《おな》じくらい大きかったからです。水の中のぶぶんを入れるともっと大きいはずです。

アラスカでは②こんなすを見つけることはむずかしいことではありません。*こう外《がい》を車で走《はし》っているだけで、道《みち》のすぐそばに見かけることがあります。

このすの中には、お父《とう》さんとお母《かあ》さん、そして、0さいから2さいくらいまでの子どもたちがくらしています。子どもの数《かず》はいろいろですが、わた

1 ——①、「これ」は何《なに》をさしていますか。（20点《てん》）

［　　　　］

2 ——②とありますが、どんなすですか。（一つ15点《てん》）

［　　　　］と同《おな》じくらい大きく、［　　　　］のぶぶんを入れるともっと大きいです。

しは9ひきのかぞくがいっしょにすんでいるすを見たことがあります。

すはビーバーが食《た》べのこした木のえだとどろからできています。

えだを組《く》み、どろでかためたすはとてもがんじょうで、人がのったくらいではびくともしません。
③すの出入り口は水の中にあって外《そと》からは見えません。出入り口を水中に作《つく》るのは、ビーバーをねらうてきからみをまもるために、とても大切《たいせつ》なことなのです。水にもぐることがにがてなオオカミやヤマネコは、すの中に入ることができないからです。でも、④水がへると、出入り口も外《そと》から見えてしまいます。そこで、ビーバーは下《か》りゅうにダムを作《つく》って水をせき止《と》め、水がへらないようにしているのです。

＊こう外《がい》＝町からはなれたところ。

3 ――③とありますが、何《なん》のためにビーバーはすの出入り口を水の中に作《つく》るのですか。（20点《てん》）

4 ――④とありますが、ビーバーは水がへらないようにどうしていますか。（30点《てん》）

出典★佐藤英治《さとうえいじ》作『こんにちは、ビーバー』福音館書店刊 より

第18回

しを読《よ》みとる

しのポイント

つぎのしを読《よ》んで、もんだいに答《こた》えましょう。

かわるかわる

うれしいとき、にこにこ
おこっているとき、ぷんぷん
かなしいとき、□
楽《たの》しいとき、わくわく

そのときに合《あ》わせて
くるくるかわる
ぼくの気もち
カメレオンみたい

今日はどんな気もちになるのかな？

もんだいに答えよう

2 □には、どんなことばがあてはまりますか。（　）に○を書《か》きましょう。

ア（　）そわそわ
イ（　）どきどき
ウ（　）めそめそ

3 ぼくの気もちは何《なに》のようだと書《か》かれていますか。

学習日　　月　　日

たしかめよう

1 このしは、何《なに》について書《か》いてあるのかな。（　）に○を書《か》こう。

ア（　）ぼくの家《か》ぞく。
イ（　）ぼくの気もち。
ウ（　）ぼくのせいかく。

しのだい名は「かわるかわる」だね。かわるのは何《なに》かな？

これができるとかっこいい！

しを読《よ》むときは何《なに》について書《か》かれているのかを考えながら読《よ》もう。
しのひょうげんにちゅういして、しのせかいをあじわえるとかっこいいよ。

答え

たしかめよう
1 イ

もんだいに答えよう
2 ウ
3 カメレオン

第19回 しを読《よ》みとる ①

し

つぎのしを読《よ》んで、下のもんだいに答《こた》えましょう。

トラのようふく

トラは　ひかりを　あびて
イナビカリのように走《はし》る
　そうだ　わしのからだを
　だいすきな　ひかりで　つつもう
トラは　きんいろに　ひかった

トラは　草かげに　すわって
うつらうつら眠《ねむ》る
　そうだ　わしのからだを
　だいすきな　かげで　つつもう
トラは　かげいろも　つけた

1 トラはどのように走《はし》りますか。（20点《てん》）

2 トラのからだは何色《なにいろ》と何色《なにいろ》だと書《か》かれていますか。（一つ10点《てん》）

[　　]と[　　]。

3 トラのからだがシマシマになっているのは、どうしてなのですか。（一つ20点《てん》）

学習日　月　日

得点　／100点

だからトラは
ひかりと　かげの　シマシマを着《き》て
走《はし》ったり眠《ねむ》ったりする

だいすきな［　　　］と
［　　　］でからだをつつんでいるから。

4 しのだい名の「トラのようふく」は、何《なに》をたとえていますか。（20点《てん》）

ア（　）トラのすきなもの。
イ（　）トラのからだのかたち。
ウ（　）トラのからだのもよう。

出典★くどうなおこ 詩『ふくろうめがね』童話屋刊　所収
「トラのようふく」より

第20回

しを読《よ》みとる ②

し

つぎのしを読《よ》んで、下のもんだいに答《こた》えましょう。

春《はる》の音

雪《ゆき》がとけて
ふかい土の中から
ひびいてくる音
①トトン　トトットトト
トトン　トトットトト
たいこのようで
ふえのようで
あかちゃんのねいきのようで
だんだん
ちかづいて
土をおしわけて
いのちが

1 ――①、この音は、どこから聞《き》こえてくる音ですか。（20点《てん》）

2 ――①、この音は何《なに》にたとえられていますか。三つ答《こた》えましょう。（一つ20点《てん》）

学習日　月　日

得点　／100点

出ようとしている

②春《はる》の音

3 ――②、「春《はる》の音」とはどんな音のことですか。（20点《てん》）
（　）に○を書《か》きましょう。

ア（　）春《はる》に土の中でたくさんの生きものがぐっすりねむっている音。

イ（　）春《はる》をむかえて生きものが土の中で大あばれしている音。

ウ（　）春《はる》になって生きものが外《そと》に出ようとして土をおし分《わ》けている音。

出典★三宅知子《みやけともこ》著『月にのるこども』かど創房刊　所収
「春の音」より

第21回

かく

かんさつ文を書《か》こう

学習日　月　日

どうぶつやしょくぶつをかんさつして、かんさつ文を書《か》きましょう。

かんさつ文の書き方

1. かんさつするものをきめる。
2. かんさつするものをよく見る。
3. かんさつするもののようすを書《か》く。

いろいろなところをよく見て、とくちょうやへんかをとらえよう。

1 かんさつ文を書《か》くじゅんびをしましょう。

(1) かんさつするものをきめましょう。

(2) かんさつしてメモにまとめましょう。

【かんさつのポイント】
・どんなようすをしているか。
・色《いろ》や形《かたち》、大きさはどうなっているか。
・何《なに》か気づいたことはあるか。

つぎの文しょうは、おたまじゃくしをかんさつして書《か》いたかんさつ文です。

おたまじゃくしのかつどうのようすがよくわかります。

おたまじゃくしをかんさつしたら、水の中を元《げん》気《き》におよぎまわっていた。
丸《まる》い体《からだ》から長《なが》いしっぽが生えている。頭《あたま》のりょうわきには、小さな目がある。体《からだ》の色《いろ》は、こいはい色《いろ》をしていて、てんてんがある。
しっぽは、すこしすきとおっている。

おたまじゃくしの形《かたち》や色《いろ》をよくとらえています。

2 かんさつ文を書《か》きましょう。

第22回

つなぎことばにちゅういして読《よ》む

せつ明文のポイント

つぎの文しょうを読《よ》んで、もんだいに答《こた》えましょう。

何《なに》かつたえたいことがあるとき、今《いま》は、電話《でんわ》をかければ、その日のうちにつたえることができます。［1］、むかしは、手紙《てがみ》をおくってつたえていたので、つたえたいことをつたえるのに何日《なんにち》もかかることがありました。

［2］、電話《でんわ》はいつはつ明《めい》されたか知《し》っていますか。電話《でんわ》がはつ明《めい》されたのは、今《いま》から百三十年いじょうも前《まえ》のことでした。電話《でんわ》は、よの中のやくに立つ大きなはつ明《めい》でした。そこで、たくさんの人がたいへんなくろうをしてぎじゅつをしん歩《ぽ》させて、電話《でんわ》を広《ひろ》めるどりょくをしたのです。

もんだいに答えよう

3 ［2］には、どんなつなぎことばがあてはまりますか。（　）に○を書《か》きましょう。

ア（　）ところで
イ（　）なぜなら
ウ（　）または

4 たくさんの人が電話《でんわ》を広《ひろ》めるどりょくをしたのは、電話《でんわ》がどのようなものだったからですか。

学習日　月　日

たしかめよう

1 電話《でんわ》と手紙《てがみ》では、つたえたいことをつたえるときに、どれだけ時間《じかん》がかかるのかな。

・電話《でんわ》……[　　　　]のうちにつたえることができる。

・手紙《てがみ》……[　　　　]もかかる。

2 [ー]には、どんなつなぎことばがあてはまるかな。（　）に○を書《か》こう。

ア（　）そこで

イ（　）だから

ウ（　）しかし

これができるとかっこいい！

つなぎことばのもんだいでは、前《まえ》の文とあとの文をよく読《よ》むようにしよう。
つなぎことばにちゅういして読《よ》むと、文しょうの内《ない》ようがとらえやすくなるよ。

答え

たしかめよう

1 電話《でんわ》……その日（のうちにつたえることができる。）
手紙《てがみ》……何日《なんにち》（もかかる。）

2 ウ

もんだいに答えよう

3 ア

4 よの中のやくに立つもの。

第23回

せつ明文

つなぎことばにちゅういして読《よ》む ①

つぎの文しょうを読《よ》んで、下のもんだいに答《こた》えましょう。

大むかしの人びとは、川やみずうみをどのようにしてわたったのでしょうか。

[1]、たおれた木などをうかべて、それにつかまったり、またがったりしただけでしたが、やがて、何本《なんぼん》かの丸太《まるた》をしばり合《あ》わせて、いかだをつくるようになりました。①これが船《ふね》のはじまりです。

火や、石のどうぐをつかうようになると、太《ふと》い木をくりぬいた丸木《まるき》ぶねが作《つく》られるようになりました。

人間《にんげん》が、かいでこいで船《ふね》をすすませる時代《じだい》が、何万年《なんまんねん》もつづきました。

[2]、人間《にんげん》は風《かぜ》の力をりようすることを見つ

1 [1]・[2]にあてはまるつなぎことばの組《く》み合《あ》わせとして正しいものをえらんで、（　）に○を書《か》きましょう。（20点《てん》）

ア（　）1 まずは　2 いつかは

イ（　）1 はじめは　2 そのうち

ウ（　）1 ようやく　2 さいしょに

2 ——①とありますが、どのようなことが船《ふね》のはじまりになったのですか。（30点《てん》）

学習日　月　日

得点　/100点

けました。ほのはつめいです。

この、ほで走《はし》る船《ふね》をはん船《せん》といいます。はん船《せん》は、人間《にんげん》が②しぜんの力をしごとにりようした、さいしょのものでした。

でも、かんたんなほのしくみでしたから、風《かぜ》の力を十分《じゅうぶん》にりようすることができず、思《おも》い通《どお》りの方向《ほうこう》に走《はし》るために、やはり人間《にんげん》の力がひつようでした。

やがて、③風《かぜ》の力だけでも、思《おも》い通《どお》りに船《ふね》をうごかせるほのしくみが、考《かんが》え出《だ》されました。

風《かぜ》の力だけで船《ふね》をうごかすことができれば、大ぜいの人がかいでこぐ船《ふね》より、のりくむ人数《にんずう》が少《すく》なくてすみ、大きな船《ふね》にたくさんのしなものや、水、食《しょく》りょうがつめるようになります。そうなれば、りくづたいにすすまなくても、長《なが》いこう海《かい》をすることができます。

3 ――②とありますが、「しぜんの力」とは何《なん》の力ですか。（25点《てん》）

4 ――③とありますが、このけっか、何《なに》ができるようになりましたか。上の文しょうの中から五字のことばをさがして書《か》きうつしましょう。（25点《てん》）

出典★ 山田迪生《やまだみちお》 文『ちしきの絵本・4 船のはなし』ポプラ社刊 より

第24回

せつ明文
つなぎことばにちゅういして読《よ》む ②

つぎの文しょうを読《よ》んで、下のもんだいに答《こた》えましょう。

女王バチは、毎日《まいにち》、千こいじょうのたまごをうみます。一か月では、三万《まん》こにもなります。はたらきバチの*じゅみょうは、せいぜい一か月くらいですが、これだけたくさんたまごがうみつけられるので、すには、いつも何万《なんまん》びきものハチがいることになります。

女王バチは、①女王ぶっしつとよばれるとくべつなせいぶんを体《からだ》から出して、まわりのはたらきバチにあたえます。この女王ぶっしつによって、子どもたちをコントロールしながらすをまもっていると考《かんが》えられています。

女王バチは毎日《まいにち》たくさんのたまごをうみますが、そのたまごはどのようにせいちょうしていくので

1 ——①とありますが、このせいぶんによって、女王バチは何《なに》をしていると考《かんが》えられているのですか。（30点《てん》）

2 ——②とありますが、たまごがふかしたら、はたらきバチはどうしますか。（30点《てん》）

学習日　月　日

得点　／100点

しょうか。

女王バチは、空いているすべやにおしりを入れると、そのそこに、一このたまごをうみつけます。
②たまごは、三日たつと*ふかしてよう虫になります。すると、はたらきバチがよう虫にしょくじをあたえます。五日半後《いつかはんご》、よう虫の入っているすべやに、ふたがかけられます。このふたは、はたらきバチが、まわりのへやのふちやかべをけずって作《つく》ります。それから三日たつと、さなぎにへんしんします。さなぎになって十一日後《にちご》、さなぎが*うかします。[1]、まだ体《からだ》がやわらかいので、一日だけじっとして、体《からだ》がかたくなるのをまちます。[2]、ふたをかみやぶって出てきます。たまごがうみつけられてから二十～二十一日《にち》後《ご》のことです。

*じゅみょう＝いのちのながさ。
*ふか＝たまごがかえること。
*うか＝さなぎが、からから出ること。

3 [1]・[2]にあてはまるつなぎことばの組《く》み合《あ》わせとして正しいものをえらんで、（　）に○を書《か》きましょう。（20点《てん》）

ア（　）1 でも　2 だから
イ（　）1 しかし　2 それから
ウ（　）1 すると　2 さらに

4 すべやのふたをかみやぶって出てくるのは、たまごがうみつけられて何日後《なんにちご》のことですか。（20点《てん》）

出典★日髙敏隆《ひだかとしたか》 総合監修・三原道弘《みはらみちひろ》 文『ミツバチ』リブリオ出版刊 より

第25回

よむ

声《こえ》に出して読《よ》もう ～百人一首《ひゃくにんいっしゅ》～

学習日　月　日

1 つぎの和歌《わか》を大きな声《こえ》で読《よ》みましょう。

逢《あ》ひ《い》見ての　のちの　心《こころ》に　くらぶれば
昔《むかし》は　ものを　思《おも》は《わ》ざりけり

権中納言敦忠《ごんちゅうなごんあつただ》

歌のいみ

あなたに会《あ》ったあとの、今《いま》のくるしい気もちにくらべれば、むかしの気もちなどなやみとはいえないほどのものだったのだなあ。

君《きみ》がため　惜《お》しからざりし　命《いのち》さへ《え》

百人一首《ひゃくにんいっしゅ》の和歌《わか》だよ。ゆっくりと大きな声《こえ》で読《よ》んでみよう。読《よ》みにくいときは、一回《かい》おうちの人に読《よ》んでもらってもいいよ。

しっていたら かっこいい！

百人一首《ひゃくにんいっしゅ》は、藤原定家《ふじわらのていか》という人が、百人の人の歌《うた》を一つずつえらんで作《つく》ったものです。百人の中には、天《てん》のうやおひめさま、お役人《やくにん》やおぼうさんなど、いろいろな人がいます。

むかしの人は、和歌《わか》を、あいする人におくるラブレターに書《か》きました。だから百人一首《ひゃくにんいっしゅ》の中にも、こいの歌《うた》がたくさんあります。しょうかいした上の三つも、こいの歌《うた》です。

長《なが》くもがなと　思《おも》ひけるかな

藤原義孝《ふじわらのよしたか》

歌のいみ　前《まえ》はおしくないと思《おも》っていた自分《じぶん》のいのちですが、あなたのために長《なが》くつづいてほしいと思《おも》うようになりました。

瀬《せ》をはやみ　岩《いわ》にせかるる　滝川《たきがわ》の
われても末《すえ》に　逢《あ》はむとぞ思《おも》ふ

崇徳院《すとくいん》

歌のいみ　岩《いわ》にせき止《と》められて二つに分《わ》かれてしまう川が、分《わ》かれてもまた一つになるように、わたしたちも今《いま》はわかれてもいつかはまたきっと会《あ》おうと思《おも》う。

一つめの歌《うた》は、人をあいするあまりくるしくなる気もちを歌《うた》っています。二つめは、すきな人とずっといっしょにいたいから、長生《ながい》きしたいという気もちを歌《うた》ったもの。三つめは、少《すこ》しかなしいこいの歌《うた》です。今《いま》はすきな人といっしょになれなくても、いつかはいっしょになりましょう、という思《おも》いを歌《うた》っています。どの歌《うた》も、むかしの人たちが今《いま》と同《おな》じように、こいのよろこびやかなしみをあじわっていたことを教《おし》えてくれます。

百人一首《ひゃくにんいっしゅ》は、お正月のかるたあそびとしても親《した》しまれています。今回《こんかい》しょうかいした三つの歌《うた》をおぼえておいて、早くとることができたらかっこいいですね。

百人一首《ひゃくにんいっしゅ》のかるた

第26回

ものがたりのポイント

せいかくを読《よ》みとる

つぎの文しょうを読《よ》んで、もんだいに答《こた》えましょう。

あみちゃんはいつもたくさんの友《とも》だちとあそんでいます。そんなあみちゃんが、今日《きょう》はなんだか元気《げんき》がありません。休み時間《じかん》も、みんなとあそばずに、ぼんやりしています。

えりかちゃんは、そんなあみちゃんのことを心《しん》ぱいしていました。じゅぎょうがおわったのに、あみちゃんはぼんやりしていて、それに気がついていないようです。

えりかちゃんは思《おも》いきってあみちゃんに声《こえ》をかけました。おちこんでいるあみちゃんのなやみを聞《き》いてあげたいと思《おも》ったのです。

もんだいに答えよう

3 えりかちゃんは、今日《きょう》のあみちゃんのようすを見て、どう思《おも》っていましたか。

4 えりかちゃんはどんなせいかくをしていますか。（　）に○を書《か》きましょう。

ア（　）いじわるでひきょうなせいかく。

イ（　）おせっかいでさわがしいせいかく。

ウ（　）友《とも》だち思《おも》いのやさしいせいかく。

学習日　月　日

たしかめよう

1 あみちゃんは、どんなせいかくをしているかな。
（　）に○を書《か》こう。

ア（　）おとなしいせいかく。
イ（　）明《あか》るいせいかく。
ウ（　）親切《しんせつ》なせいかく。

2 今日のあみちゃんは、どんなようすだったのかな。

［　　　　］がなくて、
［　　　　　　］していた。

これができると　かっこいい！

ものがたりを読《よ》むときは、とう場人《じょうじん》ぶつがどんなせいかくかを考《かんが》えながら読《よ》めるとかっこいいよ。

答え

たしかめよう
1 イ
2 元気《げんき》・ぼんやり

もんだいに答えよう
3 心ぱいしていた。
4 ウ

第27回

ものがたり

せいかくを読《よ》みとる ①

学習日　月　日

得点　／100点

つぎの文しょうを読《よ》んで、下のもんだいに答《こた》えましょう。

いそかわよういちはへそまがりです。〝へそまがり〟というのは、心《こころ》の中で思《おも》っていることとはんたいのことを、言《い》ったりしたりする人のことです。うれしいときは□をし、おいしいときはまずそうにします。

ほんとにいやなときやほんとにまずいときは、わざとなんでもないような顔《かお》をします。へそまがりですから、人から何《なに》かたのまれたとき、『いいよ』と思《おも》っても、口のほうが先に『いやだ』と言《い》ってしまいます。

ほんとにいやなときは、やっぱり『いやだ』と言《い》います。

だからだれも、よういちが『いいよ』と言《い》うの

1 よういちはどんなせいかくですか。（20点《てん》）

2 □にはどんなことばがあてはまりますか。（　）に○を書《か》きましょう。（20点《てん》）

ア（　）うれしそうな顔《かお》

イ（　）楽《たの》しそうな顔《かお》

ウ（　）いやそうな顔《かお》

3 ――とありますが、それはどうしてですか。（20点《てん》）

を聞《き》いたことがありません。

よういちのことを『日本一のへそまがりぼうず』とよぶのは、おばあちゃんです。

おばあちゃんの家《いえ》は、よういちの家《いえ》から車で十五分《ふん》くらいのところにあるので、ときどきあそびに来《き》たり、とまっていったりします。

よういちがもっと小さいころは、『やだやだぼうや』と言《い》っておもしろがっていました。

でも、よういちが一年生になったこのごろでは、よういちの『いやだ』におばあちゃんが本気でおこり出し、けんかみたいになることもよくあります。

よういちは、人から何かたのまれたとき、

[　　　　　　]から。

4 おばあちゃんは、よういちのへそまがりにたいしてどのようなたいどをとっていますか。（一つ20点《てん》）

小さいころは[　　　　　　]。

しかし、このごろは、

[　　　　　　]。

出典★藤田《ふじた》のぼる 作『いいよ　なんて　いうもんか』金の星社刊　より

せいかくを読《よ》みとる ②

ものがたり

つぎの文しょうを読《よ》んで、下のもんだいに答《こた》えましょう。

お兄《にい》ちゃんとちがって、けんじは、えんぴつだって、けしゴムだって、だいじにつかうので、お兄《にい》ちゃんの二ばいはもちます。ノートだって、さいごの一ページまで、きちんとつかいます。

入学いわいに買《か》ってもらった自《じ》てん車《しゃ》だって、気をつけてのっているので、まだピッカピカです。お兄《にい》ちゃんの自《じ》てん車《しゃ》ときたら、ハンドルはさびているし、ベルもこわれかかっています。

おこづかいにしても、そうです。

けんじの家《いえ》では、おこづかいは、一学年二百円ときめられているので、けんじは一か月に二百円、しょういちお兄《にい》ちゃんは、八百円もらいます。

けんじは、そのうち百円は、ちょ金することに

1 けんじの自《じ》てん車《しゃ》とお兄《にい》ちゃんの自《じ》てん車《しゃ》には、どんなちがいがありますか。（一つ20点《てん》）

けんじの自《じ》てん車《しゃ》は、

［　　　　］だけれど、

お兄《にい》ちゃんの自《じ》てん車《しゃ》は、

［　　　　］。

学習日　月　日

得点　／100点

きめています。ところが、お兄《にい》ちゃんは、けんじの四ばいももらっているくせにマンガを買《か》ったり、たこやきを食《た》べたりして、パッパッとつかってしまい、

「おねがい、百円かしてよ。」

と、いつもけんじにたのむのです。

お兄《にい》ちゃんにかしたお金は、ちゃんとノートにつけてありますが、もう七百円にもなっています。

トイレやおふろの電気《でんき》をつけっぱなしにするのも、お兄《にい》ちゃんのわるいくせです。

2 けんじはどんなせいかくをしていますか。（　）に○を書《か》きましょう。（30点《てん》）

ア（　）ものやお金をだいじにつかうしっかりしたせいかく。

イ（　）ものやお金をパッパッとつかってしまういいかげんなせいかく。

ウ（　）ものやお金をすぐになくしてしまうぼんやりしたせいかく。

3 お兄《にい》ちゃんはどんなせいかくをしていますか。（　）に○を書《か》きましょう。（30点《てん》）

ア（　）けちなせいかく。

イ（　）いじわるなせいかく。

ウ（　）だらしないせいかく。

出典★砂田弘《すなだひろし》著『ケチケチマンと　おにいちゃん』小峰書店刊　より

第29回

ことばをつなげてお話《はなし》を作《つく》ろう

かく

学習日 月 日

ことばをつなげて、お話《はなし》を作《つく》りましょう。

お話の作り方

1 とう場人《じょうじん》ぶつを考《かんが》える。

2 どんなできごとがおきたらおもしろいか考《かんが》える。

3 お話《はなし》のさいごを考《かんが》える。

つぎのことばの中から、三つのことばをえらんでお話《はなし》を作《つく》りましょう。

うさぎ・うちゅう人・もぐら・花・ロボット
とけい・ケーキ・学校・車・ゆめ・星《ほし》

1 上の□の中から三つのことばをえらんで、お話《はなし》を作《つく》りましょう。

1 三つのことばをえらびましょう。

2 とう場人《じょうじん》ぶつをきめましょう。

3 どんなできごとがおきたらおもしろいかを考《かんが》えましょう。

わたしは、「うさぎ」と「ケーキ」をつかってお話《はなし》を作《つく》ろうかな。あと一つはどうしよう……。

あかりさんが作《つく》ったお話《はなし》

うさぎは、ケーキを買《か》いに行《い》った帰《かえ》り道《みち》、野《の》原《はら》をさんぽしていました。空を見上げて歩《ある》いていたので、地《じ》めんにあながあることに気がつきませんでした。

あれっと思《おも》ったときには、うさぎはあなにおちていました。あなの中にはもぐらがくらしていました。もぐらと友《とも》だちになったきねんに、いっしょにケーキを食《た》べました。

むすびつけやすいことばをえらぶといいよ。

4 お話《はなし》のさいごにどんなできごとがおきるかを考《かんが》えましょう。

5 **2**～**4**で考《かんが》えたことをもとに、お話《はなし》を作《つく》りましょう。

第30回

せつ明文のポイント

話《はなし》のすじをつかむ

学習日　　月　　日

つぎの文しょうを読《よ》んで、もんだいに答《こた》えましょう。

台風《たいふう》でもないかぎり、雨がふっても、町中が水であふれてしまうことはありません。①雨はふったあと、どうなるのでしょうか。

海《うみ》にふった雨は、海水《かいすい》となります。

川にふった雨は、川の水となります。

地《じ》めんにふった雨は、地《じ》めんにすいこまれていきます。地《じ》めんにすいこまれた雨は、地下水《ちかすい》となります。さらに、地下水《ちかすい》は地《じ》めんふかくをながれていき、海《うみ》や川にそそぎこみます。

そして、海《うみ》や川の水は、雨雲《あまぐも》のもととなって、ふたたび雨をふらせます。

つまり、［　　　］。

もんだいに答えよう

2 地《じ》めんにふった雨は、どうなりますか。せつ明《めい》のじゅんになるように、（　）に1から3の番《ばん》ごうを書《か》きましょう。

（　）地《じ》めんにすいこまれて地下水《ちかすい》となる。

（　）海《うみ》や川にそそぎこむ。

（　）地《じ》めんふかくをながれていく。

（4）雨雲《あまぐも》のもととなって雨をふらせる。

3 ［　　　］にはどんなことばがあてはまりますか。（　）に○を書《か》きましょう。

ア（　）水は、とてもふしぎなものなのです

イ（　）水は、すぐになくなってしまうのです

ウ（　）水は、ぐるぐるとめぐっているのです

たしかめよう

1 ——①とありますが、雨はふったあと何《なに》になるのかな。ひょうにまとめよう。

① 海《うみ》にふった雨	② 川にふった雨	③ 地《じ》めんにふった雨

つづくぶぶんをよく読《よ》んで考《かんが》えてね。

これができるとかっこいい！

「さらに」「そして」などのつなぎことばにちゅう目《もく》すると、話《はなし》のすじがつかみやすいよ。

じゅんをおって文を読《よ》んで、話《はなし》のすじを正しくおさえられるとかっこいいよ。

答え

たしかめよう

1 ① 海水《かいすい》　② 川の水　③ 地下水《ちかすい》

もんだいに答えよう

2
（１）地《じ》めんにすいこまれて地下水《ちかすい》となる。
（３）海《うみ》や川にそそぎこむ。
（２）地《じ》めんふかくをながれていく。

3 ウ

第31回

せつ明文

話《はなし》のすじをつかむ ①

つぎの文しょうを読《よ》んで、下のもんだいに答《こた》えましょう。

①秋《あき》になると、草や木のみがいっせいに色《いろ》づきはじめます。色《いろ》づいたのは、中のたねが、じゅくした合図《あいず》です。

でも、②このようなみはそのまま土の上におちてもめばえません。それは、たねをつつんでいるかわや肉《にく》が、めばえを止《と》めるはたらきをしているからです。たねをめばえさせるためには、まず、みのかわや肉《にく》をすっかりとりのぞかなければなりません。③そのやくめをしてくれるのが野鳥《やちょう》たちです。

あざやかな色《いろ》のみを見つけて、野鳥《やちょう》がついばみに来《き》ます。この時鳥《ときとり》は、たねもいっしょにのみこんでしまい、とびさっていきます。

1 ――①とありますが、草や木のみが色《いろ》づいたことから、どんなことがわかりますか。（20点《てん》）

[　　　　　　　　　　]ということ。

2 ――②とありますが、みがそのまま土の上におちてもめばえないのはなぜですか。（30点《てん》）

[　　　　　　　　　　]

学習日　月　日

得点　／100点

鳥《とり》に食《た》べられた草や木のみは、かわや肉《にく》が胃《い》の中でとけてしまいます。でも、たねだけはかたいからのおかげで*しょうかされずに、ふんといっしょにおとされ、やがてそこでめばえるのです。つまり、④たねは鳥《とり》といっしょに、それだけ遠《とお》くまでたびをしたことになるわけです。

エノキやクヌギの木に*寄生生活《きせいせいかつ》するヤドリギは、秋《あき》、丸《まる》いみをたくさんつけます。みはとてもねばねばしていて、鳥《とり》に食《た》べられても、ねばる力をうしないません。ふんといっしょにおとされたたねは、木のえだなどにくっついてめばえます。

*しょうか＝体《からだ》の中で、食《た》べものをきゅうしゅうしやすいようにへんかさせること。

*寄生《きせい》＝ほかの生きものにくっついて、その生きものからえいようをとって生きること。

3 ——③とありますが、野鳥《やちょう》たちはどんなやくめをするのですか。（20点《てん》）

4 ——④とありますが、野鳥《やちょう》たちはどうするのですか。せつ明《めい》のじゅんになるように、（　）に1から3の番《ばん》ごうを書《か》きましょう。（30点《てん》）

（　）たねをのみこんだ野鳥《やちょう》たちが遠《とお》くにとびさっていく。

（　）野鳥《やちょう》たちが草や木のみをついばみにくる。

（　）野鳥《やちょう》たちが草や木のみをしょうかして、ふんといっしょにたねをおとす。

出典★埴沙萠《はにしゃぼう》著『科学のアルバム　たねのゆくえ』あかね書房刊　より

第32回

せつ明文 話《はなし》のすじをつかむ ②

つぎの文しょうを読《よ》んで、下のもんだいに答《こた》えましょう。

①どうぶつたちは前《まえ》へ前《まえ》へとすすみます。食《た》べものをもとめ、てきからのがれ、おすならめす、めすならおすをさがして、前《まえ》へすすむのです。

*ほにゅうるいだけではありません。こん虫や魚《さかな》たち、ヘビやカエルのなかま、それに鳥《とり》たち――どうぶつはみんなそうです。

水の中をおよいだり、地《じ》めんをはったり、空をとんだり、そのすすみ方《かた》はいろいろですが、どれもどう体《たい》をよこにして前《まえ》へすすみます。どう体《たい》をたてにして前《ぜん》しんするのは、二本足で歩《ある》くようになった人間《にんげん》だけです。②人間《にんげん》はどうぶつのなかまでも、とりわけかわりものなのです。

なぜそうなったのでしょう？

1 ――①とありますが、どうぶつたちは何《なん》のために前《まえ》へ前《まえ》へとすすむのですか。三つ答《こた》えましょう。（一つ15点《てん》）

2 ――②とありますが、どのようなところがかわりものなのですか。（15点《てん》）

学習日　月　日

得点　／100点

遠《とお》い遠《とお》いむかし、③人間《にんげん》のそせんのそのまたそせんは、サルのなかまでした。

サルたちのすみかは、森の中です。森の中は、くらしやすいところです。食《た》べものがゆたかで、気こうもよく、そこらじゅうがかくれがです。でも、木のぼりがうまくないと、だめです。

リスやネコなら、するどいつめを木にくいこませてのぼれますが、体《からだ》の大きいサルには、これはむりです。

サルたちは、親《おや》ゆびをべつにうごかして前足《まえあし》や後足《あとあし》でえだをにぎり、木のぼりをします。前足《まえあし》で木のみをとるのも上手《じょうず》です。そのうちにだんだん、前足《まえあし》は人間《にんげん》の手ににてきました。それに、二本の後足《あとあし》でバランスをとって立つのも、少《すこ》しずつうまくなりました。

やがて、サルのうちのあるものは、森をはなれてへい地《ち》にすむようになり、二本足で歩《ある》き出《だ》しました。それが、今《いま》の人間《にんげん》の遠《とお》いそせんなのです。

＊ほにゅうるい＝母親《ははおや》のちちをのんでそだつどうぶつのこと。

3 ——③とありますが、サルのなかまがどうなって人間《にんげん》のそせんとなったのですか。（一つ10点《てん》）

・だんだん前足《まえあし》が［　　　］ににてきて、
また、二本の後足《あとあし》でうまく［　　　］を
とって立てるようになった。

・森をはなれて［　　　］にすむように
なり、［　　　］で歩《ある》くようになった。

出典★香原志勢《こうはらゆきなり》作『2本足と4本足』
福音館書店刊　より

第33回

よむ

おばあちゃん、大すき！

つぎの文しょうを読《よ》みましょう。読《よ》んだら、かんそうらんにかんそうを書《か》きましょう。


「うーん……。」

おばあちゃんが、小さくうなりました。

「くるしいの？」

「ああ、ジンくん、かい？　おかえり……。」

「だいじょうぶ？」

「おかしいねぇ。おばあちゃん、びょうきなんてしなかったはずなのに……。」

「だれだって、かぜぐらいひくよ。」

「ごめんね。ごはんのよういができなくて……。」

「いいよ。そんなの、しんぱいしないで。」

「あんまり、近《ちか》くに来《こ》ないで。うつっちゃうから。」

言《い》ったとたん、また、くるしそうにせきをしました。

ジンは、おばあちゃんのせなかを、しずかにさすりました。


(そうだっ！)

ジンは、いそいで、キッチンへ行《い》きました。

れいぞうこから、りんごを一ことり出すと、ほうちょうで半分《はんぶん》に切《き》って、そのまた半分《はんぶん》、そのまた半分《はんぶん》に切《き》りました。

ちゃんと、しんのところをとってから、ジューサーに切《き》ったりんごを、一こずつつっこみました。

作《つく》り方《かた》は、前《まえ》に、おばあちゃんが、やってるのを見ていたので、わかります。

りんごのかわが、上手《じょうず》にむけなかったので、ピンク色《いろ》のジュースができました。

それでも、りんごのいいかおりがします。

さっそく、おばあちゃんのところへもっていきました。

学習日
月　日

「はい、おばあちゃん。これのんで……。」

ジンが、コップをさし出すと、おばあちゃんは、目を大きくして、ゴホンとせきをしました。

「まあ、まあ。これ、ジンくんが作《つく》ってくれたの？」

「ぼくのほかに、いないでしょ。」

「ジンくんが、わたしのために……。」

おばあちゃんは、なかなかのもうとしません。

「のんでくれないの？」

ジンに言《い》われて、やっとおばあちゃんは、一口、のみました。

それから、だいじそうに、ゆっくりのんでいたかと思《おも》うと、こんどは、はなみずをズルズルすすりはじめました。

ジンは、いそいで、ティッシュのはこをもってきました。

「おばあちゃんね。おばあちゃん……、たまにはかぜ、ひくのもいいかなって、思《おも》っちゃったわ……。」

おばあちゃんは、ティッシュではなをかむと……ふとんにもぐりこみました。

ジンは、おばあちゃんのそばで、絵本《えほん》を読《よ》んであげました。

ジンが、ねつを出した時《とき》、おばあちゃんがやってくれたように……。


出典★太田京子《おおたきょうこ》作『おばあちゃん、大すき!』そうえん社 刊

かんそうを かこう

第34回

かく

お話《はなし》をしょうかいしよう

学習日
月　日

あなたの知《し》っているお話《はなし》を、人にしょうかいしましょう。

お話のしょうかいのしかた

1 しょうかいするお話《はなし》の名前《なまえ》を書《か》く。

2 お話《はなし》の内《ない》ようをみじかくまとめる。

3 お話《はなし》を読《よ》んで、おもしろかったところや心《こころ》にのこったことを思《おも》い出す。

4 お話《はなし》を読《よ》んで、自分《じぶん》がかんじたことや考《かんが》えたことをまとめる。

たとえば、「かぐやひめ」のお話《はなし》を、人にしょうかいするときは、つぎのようにしょうかいするといいね。

1 第《だい》33回《かい》の「おばあちゃん、大すき！」のお話《はなし》を人にしょうかいしましょう。

(1) お話《はなし》の内《ない》ようをみじかくまとめましょう。

(2) お話《はなし》を読んで、おもしろかったことや心《こころ》にのこったことを書《か》きましょう。

「かぐやひめ」の話《はなし》をしょうかいします。

ある日、光《ひか》る竹の中で女の子を見つけたおじいさんは、女の子をつれて帰《かえ》って、かぐやひめと名づけました。うつくしくせい長《ちょう》したかぐやひめとけっこんしたいとたくさんの男の人がやってきますが、ある時《とき》、かぐやひめに月からむかえがやってきます。かぐやひめは月の国《くに》の人だったので、月に帰《かえ》ってしまいました。

わたしは、この「かぐやひめ」のお話《はなし》を読んで、さいごのおわかれの場《ば》めんが心にのこりました。おじいさんとおばあさんにそだてられて、なかよくすごしていたかぐやひめが、おじいさんとおばあさんとはなればなれになってしまってかなしいと思《おも》いました。

3 お話《はなし》を読《よ》んで、自分《じぶん》がかんじたことや考《かんが》えたことを書《か》きましょう。

2 第《だい》33回《かい》の「おばあちゃん、大すき!」のお話《はなし》を人にしょうかいしましょう。

第35回

インタビューを読《よ》む

いろいろな文

学習日　月　日

得点　／100点

つぎの文しょうは、しょうぼうしょではたらく木村《きむら》さんに、あきらさんがインタビューしたものをまとめたものです。インタビューを読《よ》んで、下のもんだいに答《こた》えましょう。

あきらさん「どうぞよろしくおねがいします。」
木村さん「よろしくおねがいします。」
あきらさん「木村さんは、しょうぼうしょでどんなしごとをしているのですか。」
木村さん「しょうぼうしょには、大きく分《わ》けて二つのしごとがありますが、わたしは、火《か》じをけすしごとをしています。」
あきらさん「しょうぼうしょの人は、火《か》じをけすいがいに、どんなしごとをしているのですか。」
木村さん「びょう気をした人や、けがをした人の

1 木村さんは、しょうぼうしょでどんなしごとをしているのですか。（20点《てん》）

2 しょうぼうしょでは、木村さんがしているしごとのほかに、どんなしごとがありますか。（30点《てん》）

ところにきゅうきゅう車でかけつけて、たすけるしごとです。」
あきらさん「どうして、今《いま》のしごとをしようと思《おも》ったのですか。」
木村さん「子どものころに、火《か》じにまきこまれて、しょうぼうしょの人にたすけてもらったことがあります。自分《じぶん》も人だすけがしたいと思《おも》って、今のしごとをえらびました。」
あきらさん「しごとをしていて、たいへんなことはどんなことですか。」
木村さん「きけんが多《おお》いことが、やはりたいへんですね。」
あきらさん「しごとをしていて、うれしいことはどんなことですか。」
木村さん「火《か》じをけしたり、人をたすけたりして、かんしゃされるとうれしいです。」
あきらさん「そうなんですね。今日《きょう》は、ありがとうございました。」
木村さん「ありがとうございました。」

3 木村さんは、しごとをしていてたいへんなことはどんなことだと言《い》っていますか。（20点《てん》）

4 上のインタビューの内《ない》ようとあうものには○を、あわないものには×を（　）に書《か》きましょう。（一つ10点《てん》）

ア（　）木村さんは、子どものころに火《か》じにまきこまれて、しょうぼうしょの人にたすけてもらったことがある。

イ（　）木村さんは、びょう気の人をなおしたいと思《おも》って、しょうぼうしょではたらくことにした。

ウ（　）木村さんは、火《か》じをけしたり、人をたすけたりしてかんしゃされるとうれしいと思《おも》っている。

いろいろな文
話《はな》し合《あ》いを読《よ》む

つぎの文しょうは、遠足《えんそく》で気をつけることについて話《はな》し合《あ》ったときのことをまとめたものです。話《はな》し合《あ》いを読《よ》んで、下のもんだいに答《こた》えましょう。

先生「来週《らいしゅう》の月曜日《げつようび》は、遠足《えんそく》ですね。朝八時《あさはちじ》までに、校ていにしゅう合《ごう》してください。学校から子ども公園《こうえん》まで歩《ある》いていきます。雨の日は、火曜日《かようび》にえんきになりますので、ちゅういしましょう。さて、遠足《えんそく》では、どんなことに気をつけないといけないですか。い見《けん》を出してください。」

しょうたさん「はい。ぼくは、歩《ある》くときは一れつで歩《ある》かないといけないと思《おも》います。」

先生「よいい見《けん》ですね。ほかに歩《ある》くときに気をつけないといけないことはありませんか。」

みさきさん「はい。おくれている子がいないか、

1 遠足《えんそく》について、先生のせつ明《めい》をひょうにまとめましょう。（一つ10点《てん》）

① 遠足《えんそく》に行《い》く日	
② しゅう合時間《ごうじかん》	
③ しゅう合場所《ごうばしょ》	
④ 遠足《えんそく》に行《い》く場所《ばしょ》	

2 歩《ある》くときに気をつけることについて、い見《けん》を出したのは、だれとだれですか。（一つ10点《てん》）

学習日　月　日

得点　/100点

気をつけて歩《ある》くとよいと思《おも》います。」

先生「遠足《えんそく》では、みんなでまとまって歩《ある》くようにしないといけませんね。では、ほかにい見《けん》はありませんか。」

あやなさん「はい。わたしは、先生やはん長《ちょう》さんの話《はなし》をよく聞《き》いて、行《こう》どうしなければいけないと思います。」

そうたさん「はい。ぼくは、しゅう合時間《ごうじかん》をきちんとまもらないといけないと思《おも》います。」

すみれさん「わたしは、おやつのゴミはきちんと家《いえ》にもちかえるようにしなければいけないと思《おも》います。」

たかしさん「わすれものをしたり、よけいなものをもってきたりしないようにすることにも、ちゅういしないといけないと思《おも》います。」

先生「そうですね。今出たい見《けん》はどれも大切《たいせつ》なことです。では、今出たことにちゅういして、楽《たの》しい遠足《えんそく》にしましょう。」

3 あやなさんは、遠足《えんそく》では、どんなことにちゅういしないといけないと思《おも》っていますか。（10点《てん》）

4 話《はな》し合《あ》いの内《ない》ようとあうものには○を、あわないものには×を（　）に書《か》きましょう。（一つ10点《てん》）

ア（　）たかしさんは、わすれものをしたり、よけいなものをもってきたりしてはいけないと言《い》っている。

イ（　）すみれさんは、おやつのゴミはきちんと家《いえ》にもちかえるようにしないといけないと言《い》っている。

ウ（　）そうたさんは、歩《ある》くときにはみんなでまとまって歩《ある》くようにしないといけないと言《い》っている。

第37回

よむ

声《こえ》に出して読《よ》もう　～論語《ろんご》～

1 つぎの文しょうを大きな声《こえ》で読《よ》みましょう。

之《これ》を知《し》るを之《これ》を知《し》ると為《な》し、知《し》らざるを知《し》らずと為《な》せ。是《こ》れ知《し》るなり。

子《し》曰《いわ》く、之《これ》を知《し》る者《もの》は、之《これ》を好《この》む者《もの》に如《し》かず。之《これ》を好《この》む者《もの》は、之《これ》を楽《たの》

文しょうのいみ

自分《じぶん》が知《し》っていることは知《し》っていることとして、知《し》らないことは知《し》らないとしなさい。知《し》っていることと知《し》らないことをくべつすることが知《し》るということだ。

ゆっくりと大きな声《こえ》で読《よ》んでみよう。読《よ》みにくいときは、一回おうちの人に読《よ》んでもらってもいいよ。

しっていたらかっこいい！

上の文しょうは、二千五百年も前《まえ》の中《ちゅう》国《ごく》の学しゃである孔子《こうし》や、その弟子《でし》のことばをあつめた『論語《ろんご》』という本の中に出てくるものです。『論語《ろんご》』には、人がくらしていくうえで大切《たいせつ》な、れいぎや思《おも》いやりについて書《か》かれており、中国《ちゅうごく》では、やく人《にん》になるために、かならずべん強《きょう》しなくてはならない本でした。

しょうかいした三つの文しょうは、「学ぶ」ことについ

学習日　月　日

しむ者《もの》に如《し》かず。

文しょうのいみ

先生が言うには、あることを知《し》っているだけでは、それがすきな人にはかなわない。しかし、すきなだけではそれを楽《たの》しむ人にはかなわない。

子曰《しいわ》く、三人行《さんにんゆ》けば、必《かなら》ず我《わ》が師《し》有《あ》り。其《そ》の善《ぜん》なる者《もの》を択《えら》びて之《これ》に従《したが》ひ《い》、其《そ》の不善《ふぜん》なる者《もの》にして之《これ》を改《あらた》む。

文しょうのいみ

先生が言うには、三人で行《こう》どうすれば、かならず自分《じぶん》の先生となる人がいる。その人のいいところを見《み》ならい、よくないところを見て自分《じぶん》のよくないところをあらためるのだ。

『論語《ろんご》』孔子《こうし》

て書《か》かれています。

一つめの文しょうは、「知《し》る」とはどういうことかを教《おし》えてくれています。知《し》らないことを「知《し》らない」と言うのは少《すこ》しゆう気がいるけれど、それが「知《し》る」につながるのですね。

二つめは、「知《し》る」と「すき」と「楽《たの》しむ」のかんけいについて書《か》かれた文しょうです。あなたは、国語《こくご》や算数《さんすう》のべん強《きょう》がすきですか。楽《たの》しんでいますか。自分《じぶん》にきいてみましょう。

三つめは、先生はみぢかなところにいるという教えです。あなたのお友《とも》だちのなかにも、きっと先生がいるはずですよ。

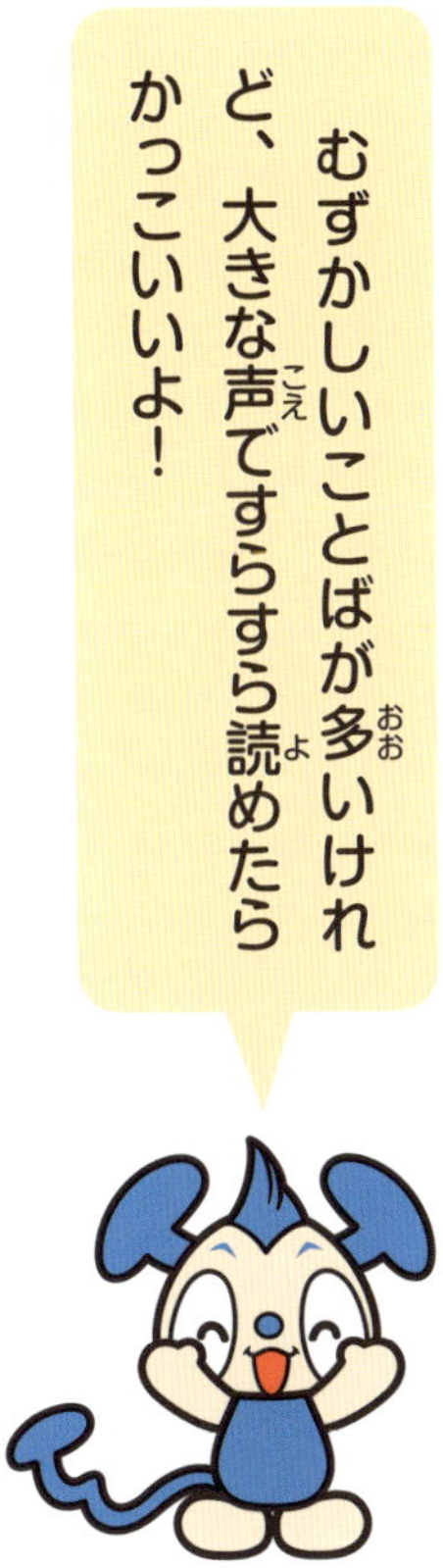

第38回

てんぐのさかもり

よむ

つぎの文しょうを読《よ》みましょう。読《よ》んだら、かんそうらんにかんそうを書《か》きましょう。

こんかいのおはなし　たびのとちゅうでお金がなくなってしまった竹《たけ》と松《まつ》の二人《ふたり》は、大金もちの「すみともきちざえもん」と「みついはちろえもん」であるとうそをついてやどやでごはんを食べ、お金をはらわずにこっそりにげ出しました。そんな二人《ふたり》のところにたいまつをもった人たちが近《ちか》づいてくるのを見て、あわてて木の上にかくれました。

×「おーい！　みんな、このスギの木の下へあつまれ。ここでちょっと、いっぷくじゃ。ここへすわって、たき火をして、さけでものんで、いっぷくしよう。そのあたりにある、木のえだやおちばをあつめてこい。……よしよし、これぐらいあつめたら、たき火ができる。さァ、火をつけるんじゃや。……よくもえるなァ。上にけむりがモクモク上がっていくわい。」

竹《たけ》「ゴホ、ゴホ、ゴホッ！（せきをする）」

×「……ンー、だれじゃや。大きなせきをしてるのは？なにッ、だれもせきをしてない？　わしのそら耳か。まァ、ええわい。さァ、みんな、たき火のまわりにすわれ。にもつもさいふも、まわりにおいておけ。さァ、今日《きょう》のしごとは、これからじゃ。わしら山《さん》ぞくは、山の道を通《とお》る人をおそって、きものや金をぬすむけど、今日《きょう》は町へ出て、やどやをおそうぞ。」

△「おかしら。なんで、今日《きょう》は山を出て、町のやどやをおそうのじゃや。」

×「うん。じつは、ええことを聞《き》いてきた。この町の

学習日　月　日

あるやどやに、金もちの、すみともきちざえもんとみついはちろえもんがとまってるらしい。」

△「ええッ！　あの大金もちの？」

×「そうじゃ。今日《きょう》の夜《よる》おそくに、この二人《ふたり》のおともが、千両《せんりょう》ばこを馬《うま》につんでやってくるという話《はなし》や。そこをわしらがおそって、千両《せんりょう》ばこをとってくるのじゃ。大きなしごとやぞ。みんな、わかったか！」

竹「……松《まっ》ちゃん、松《まっ》ちゃん。あの人の言《い》うてる『すみともきちざえもん』て、わしのこととちがうか？」

松《まつ》「そうや。どこで、そんなことを聞《き》いてきたんか知《し》らんけど、こいつらも、わしらのウソをしんじて、だまされてるわ。」

竹「ハハハハハ、これはおもしろい。おーい、すみともきちざえもんは、ここやぞ！」

松「こら、しずかにせえ。」

×「……おい、みんな。どこかから、『すみともきちざえもんは、ここや』て、声《こえ》がしたんとちがうか？　なにッ、だれも聞《き》いてない？　また、わしのそら耳か。まァ、ええわい。そんなことより、さけをのんで、いきおいよく町へ行《い》こう。この茶《ちゃ》わんにさけをついでくれ……よし、それぐらいでええわ。おまえらものめよ。グビグビグビ（さけをのむ）。あーッ、うまいなァ！」

竹「松《まっ》ちゃん、うまそうにさけをのんでるな。」

松「あァ、わしもさけをのみたいわ。」

竹「ほんまやなァ……。おーい、わしにものませて！」

×「……おい、みんな。どこかから、『わしにものませて』て、声《こえ》がしたんとちがうか？　なにッ、だれも聞《き》いてない？　また、わしのそら耳か。年をとってくると、そら耳が多《おお》くなるわい。さァ、もう一ぱいのもう。」

竹「松《まっ》ちゃん、松《まっ》ちゃん。」

松「なんや？」

竹「えらいことになってきた。」

松「どうしたんや？」

竹「……オシッコがしたいわ。」

松「あかん、あかん。下で、山ぞくがたき火をしながら、さけをのんでるのや。オシッコをしたら、わしらが上におるのが、バレてしまうわ。」
竹「けど、もうしんぼうができん。ここから、オシッコをするわ。」
松「ちょっとまて。しかたがない、しずかに、ちょっとずつ、木につたわらせてするねん。」
竹「うん。できるだけ、そうしてみるわ。ジャ――ッ。わッ、オシッコが止《と》まらへん。いっぱい出てしまうわ――い！」
×「……おい、雨がふってきたのとちがうか？ 頭《あたま》に雨がかかるぞ。しかし、この雨はぬくいなァ……。あッ、これは雨やないがな。オシッコやぞ！
△「おかしら、わかりました。わしが子どもの時《とき》に、おばあちゃんに聞《き》いたことがありますわ。このスギの木には『てんぐ』がすんでて、わるいことをする子どもに、オシッコをかけるそうです

わ。わしらが、人のものをぬすんでくるそうだんをしてましたやろ。それを聞《き》いたてんぐが、わしらに、オシッコをかけてるんとちがいますか？」
×「なんやて、てんぐが、わしらにオシッコを？」
△「きっと、そうですわ！」
竹「……はァ、スッとした……。松《まっ》ちゃん。下のやつら、わしのオシッコを、てんぐのオシッコとまちがえてるわ。おもろいなァ。」
松「これはちょうどええ。あいつらが、わしらを、てんぐとまちがえてんねん。『てんぐじゃ――ッ』て、大きな声《こえ》を出してとびおりたら、あいつらは、ビックリして、にげてしまうやろ。そのすきに、わしらも、どこかへにげてしまおか。」
竹「うまいこといくかな？」
松「だいじょうぶ。ここにズーッといてたら、たき火のけむりでくるしいわ。思《おも》い切《き》って、やってみよか。」
竹「よし、やろ。」
松「ええか。大声《おおごえ》で『てんぐじゃ――ッ』て言《い》うて、このえだから、とびおりるんや。いくぞ、ええな

△「……。てんぐじゃ――ッ。」
×「うわ――ッ！　おかしら、てんぐが出てきた！」
竹「みんな、はようにげ――ッ！」
松「……ハハハハハ、松《まっ》ちゃん。みんな、ビックリして、にげてしもたわ。」
竹「うまいこといったなァ。竹吉《たけきち》、見てみい。よっぽどビックリしたんやろ。あいつらの、にもつやさいふが、そのまま、おいてあるわ。」
松「ほんまや。……わッ、松《まっ》ちゃん。このさいふに、お金がいっぱい入ってるわ。あッ、これもや。こっちも、いっぱいのお金や。このさいふは、どうしたらええ？」
竹「そうやなァ、山ぞくのお金や。どこからぬすんできたのか、わからんお金やろ。わしらが、そこへとどけることはできんわ。これはもう、わしらがいただいとこか。」
松「こんなに、たくさんのお金を？」
竹「うん。てんぐからもろたと思《おも》うことにしよか。大坂《おおさか》へ帰《かえ》るとちゅうで、こまってるたびとがあったら、分《わ》けてあげてもええがな。」
松「そうやなァ。そんなら、いただこう。けど、松《まっ》ちゃん。これから、わしらは、どうすんねん？」
竹「これだけのお金ができたんや。もうにげることはない。やどやへもどって、グッスリ、ねるとするか。」
松「うれしいなァ。たくさんのお金ができたんや。もうビクビクせんでもええねん。はなを高《たこ》うして、やどやに帰《かえ》れるな。」
竹「はなを高《たこ》うして？　あたりまえや。わしら二人《ふたり》は、りっぱな『てんぐ』やがな。」

出典★桂文我《かつらぶんが》著『てんぐの酒もり』岩崎書店刊　より

かんそうを　かこう

第39回

ものがたり

長《なが》い文しょうを読《よ》みとる ①

学習日　月　日

得点　/100点

つぎの文しょうを読《よ》んで、下のもんだいに答《こた》えましょう。

ここは、町のびょういんです。

ヤマキヤのおじいさんは、まどぎわのベッドによこになって、ぼんやりと、天じょうをながめていました。

にゅういんして一週間《いっしゅうかん》がすぎるのに、体《からだ》のぐあいは、少《すこ》しもよくなりませんでした。

「いつになったら、元気《げんき》になれるんだろう。店《みせ》は、だいじょうぶかな。」

①おじいさんが、ためいきをついた時《とき》、風《かぜ》が、まどをカタカタたたきました。

おじいさんが、ふと目をやると、どこからとんできたのか、まどに木《こ》のはが一まい、はりついています。

1 おじいさんは、どこでどうしているのですか。（一つ10点《てん》）

［　　　　］に［　　　　］していて、［　　　　］によこになっている。

2 ――①とありますが、この時《とき》おじいさんはどんなことを考《かんが》えていましたか。二つ書《か》きましょう。（一つ10点《てん》）

おじいさんは、思《おも》わず目を細《ほそ》めました。が、細《ほそ》めた目を、すぐに大きくしました。

「おやっ、何《なに》かが書《か》いてあるぞ。」

おじいさんは、ガラスごしに、木《こ》のはに顔《かお》を近《ちか》づけると、②目をまん丸《まる》にしました。

なんと、へたくそな子どもの字で、「やまきしょうきちさま」と、自分《じぶん》の名前《なまえ》が書《か》いてあるではありませんか。

おじいさんは、あわててベッドからおき上がると、まどをあけました。

すると、木《こ》のはが□、おじいさんのむな元《もと》にとびこんできたのです。

木《こ》のはのうらには、「はやくげんきになってください」と、書《か》いてありました。

「どこの子どもが、③こんな手紙《てがみ》をくれたんだろう。それにしても、ひどい字だな。」
④おじいさんは、ひさしぶりに、声《こえ》を出してわらいました。
おじいさんには、まごはありません。

---

3 ――②とありますが、この時《とき》おじいさんはどんな気もちでしたか。（　）に○を書《か》きましょう。（10点《てん》）

ア（　）がっかりする気もち。

イ（　）びっくりする気もち。

ウ（　）ひやりとする気もち。

4 □にはどんなことばがあてはまりますか。（　）に○を書《か》きましょう。（10点《てん》）

ア（　）どすんと
イ（　）ひらりと
ウ（　）ごそっと

けれども、まるで、遠《とお》くにすんでいるまごから、手紙《てがみ》をもらったような、あたたかい気もちになりました。

「よくまあ、こんな手紙《てがみ》が、風《かぜ》にとばされて、わたしのところまで来《き》たもんだ。」

おじいさんは、木《こ》のはをうらにしたり、おもてにしたりしているうちに、あることに気がつきました。

「あっ、このはっぱは……。」

それは、お店《みせ》のレジのお金の中にまじっていた、ハートの形《かたち》をした木《こ》のはと、おんなじだったのです。

5 ――③、手紙《てがみ》にはどんなことが書《か》いてありましたか。（15点《てん》）

ということ。

6 ――④とありますが、わらった後《あと》、おじいさんはどんな気もちになったのですか。（15点《てん》）

出典★茂市久美子《もいちくみこ》著『このはのおかね、つかえます』佼成出版社刊　より

第40回

せつ明文

長《なが》い文しょうを読《よ》みとる②

学習日　月　日

得点　／100点

つぎの文しょうを読《よ》んで、下のもんだいに答《こた》えましょう。

星《ほし》の中には、たいようの光《ひかり》をはんしゃしてかがやいているわく星《せい》と、たいようのように自分《じぶん》でもえながらかがやいているこう星《せい》がありますが、夜空《よぞら》ではどちらも同《おな》じように光《ひか》っているので、ちょっとくべつがつきません。

□、よくかんさつすると、ちかちかいそがしそうにまたたく星《ほし》と、ほとんどまたたかないでじっとおちついて光《ひか》っている星《ほし》があることに、気がつくでしょう。

ちかちかまたたくのがこう星《せい》で、じっとしているほうがわく星《せい》なのです。

こう星《せい》がちかちかまたたくのは、きっと自分《じぶん》で

1 つぎのせいしつをもつ星《ほし》は、「わく星《せい》」と「こう星《せい》」のどちらですか。（一つ10点《てん》）

(1) たいようの光《ひかり》をはんしゃしてかがやいている。

(2) 自分《じぶん》でもえながらかがやいている。

もえているからだろうと、*早合点《はやがてん》してはいけません。じつは、①これは空気のいたずらです。

うんと、遠《とお》くから来《き》たこう星《せい》の光《ひかり》は、はりの先でついたような小さな点《てん》にしか見えません。この小さな星《ほし》の光《ひかり》が、いつも風《かぜ》がふいて、ゆらゆらゆれている空気の中を通《とお》ってくると、ちょうど川の中の石ころを見ているように、星《ほし》の光《ひかり》がゆらゆらゆれて、ちかちかまたたいているように見えるのです。

わく星《せい》は、わたしたちに近《ちか》いので、目ではよく分《わ》からなくても、こう星《せい》よりは大きく見えますから、②空気がゆれても、ほとんどまたたかないで見えるのです。

それでもこう星《せい》かわく星《せい》か分《わ》からなかったら、一週間《しゅうかん》くらいたって、もう一どかんさつしてみましょう。わく星《せい》はたいようのまわりを回《まわ》っているので、わたしたちから見ていると、星座《せいざ》の間《あいだ》をうごいているように見えます。それで、③一週間前《しゅうかんまえ》といちがだいぶずれていますから、すぐ

2 □にはどんなことばがあてはまりますか。（　）に○を書《か》きましょう。（10点《てん》）

ア（　）そして
イ（　）だから
ウ（　）でも

3 ——①とありますが、何《なに》が空気のいたずらなのですか。（20点《てん》）

4 ——②とありますが、わく星《せい》がこう星《せい》とちがってほとんどまたたかないで見えるのはどうしてですか。（15点《てん》）

に分《わ》かります。

こう星《せい》は、たいようと同《おな》じように自分《じぶん》で光《ひか》っている星《ほし》だと言《い》いましたが、たいようとはくらべものにならないほど遠《とお》くにあるので、あんなに小さくしか見えないのです。④星《ほし》までのきょりが、あまり遠《とお》いので、一メートルとか一キロメートルといったあらわし方《かた》では、とても間《ま》に合《あ》いません。そこで、天文学者《てんもんがくしゃ》は、光年《こうねん》というたんいをつかって星《ほし》までのきょりを言《い》いあらわすことにしています。

＊早合点《はやがてん》＝よくわかっていないのに、わかったつもりになること。

わく星《せい》はわたしたちに近《ちか》いので、目ではよく分《わ》からなくても、

から。

5 ――③とありますが、わく星《せい》はいちがずれてみえるのはどうしてですか。（20点《てん》）

6 ――④とありますが、星《ほし》までのきょりを天文学《てんもんがく》者《しゃ》はどのようにしてあらわしているのですか。（15点《てん》）

出典★藤井《ふじい》旭《あきら》 著『科学のアルバム 星の一生』あかね書房刊 より

第41回

ものがたり

長《なが》い文しょうを読《よ》みとる ③

学習日　月　日

得点　／100点

つぎの文しょうを読《よ》んで、下のもんだいに答《こた》えましょう。

森にはつ雪《ゆき》がふった日のことです。

まほうつかいのおばあさんは、①とうとうネズミのすみかを見つけました。

絵本《えほん》を見て、まほうつかいだったことを思《おも》い出《だ》したおばあさんですが、このごろは目も耳もかぎばなもわるくなって、ネズミのすみかをさがすのもたいへんでした。

「やっと見つけたよ。このドロボーネズミめ！　わたしのまほうの本をかえしておくれ！　おまえのせいで、人間《にんげん》なみのくろうをさせられたんだよ。この手を見てごらん。おかげで、ぼろぼろかさかさのグローブみたいになっちまった。」

②早口でまくし立てるおばあさんの顔《かお》を、ネズミ

1 ——①とありますが、おばあさんは何《なん》のためにネズミのすみかをさがしていたのですか。（15点《てん》）

2 ——②とありますが、この時《とき》おばあさんはどんな気もちでしたか。（　）に○を書《か》きましょう。（10点《てん》）

ア（　）はらはらした気もち。

イ（　）いらいらした気もち。

ウ（　）びくびくした気もち。

3 ——③、ネズミがこのように言《い》ったのはどうしてですか。（一つ10点《てん》）

はなつかしそうに見上げました。

そして、言《い》いました。

「まほうの本ならほら、そこのへやのいちばんおくにありますよ。③いるのならどうぞもっていってください。よろこんでおかえしします。まほうつかいなんかになったから、かぞくはいなくなるし、ネズミのなかまははなれていくし。こんな森の中にすんでいても、ほかのどうぶつたちはきみわるがって近《ちか》づこうともしないし。もう、まほうつかいなんかこりごり。おねがいです。まほうの本をかえすかわりに、また前《まえ》のように、おばあさんの家《いえ》においてください。」

とんだなりゆきに、④まほうつかいのおばあさんは目を白黒《しろくろ》させています。

大きな木のうろの中は、木《こ》のはがいっぱいしきつめられ、とてもあたたか。

まほうつかいのおばあさんとネズミはすっかりうちとけ、どんぐりのコーヒーをすすりながら、⑤これまでのことを話《はな》しました。

［　　　　］になってもいやなことばかりでもう［　　　　］だと思《おも》ったので、まほうの本はいらなかったから。

4 ――④とありますが、この時《とき》おばあさんはどんな気もちでしたか。（　）に○を書《か》きましょう。（15点《てん》）

ア（　）ネズミにばかにされてくやしくてはらを立てる気もち。

イ（　）ネズミといっしょにすめるのがうれしくて楽《たの》しい気もち。

ウ（　）思《おも》いがけないことがおきてびっくりする気もち。

しみじみ聞《き》いてみれば、おたがいにひとりぼっちで、さびしい思《おも》いをしていることがわかりました。

それに、長《なが》い間《あいだ》人間《にんげん》のくらしをしてきたおばあさんは、まほうの本が見つかっても、すぐに元《もと》のまほうつかいにもどれるわけではありません。

そうだんのけっか、ネズミをおばあさんのじょしゅにして、ふたりでまほうつかいの家《いえ》をやっていくことにきめました。

5 ——⑤とありますが、話《はな》をして、どんなことがわかったのですか。（20点《てん》）

6 おばあさんとネズミは、そうだんのけっか、どうすることにきめたのですか。（20点《てん》）

出典★小宮山佳《こみやまけい》作『ひとりじゃないって』文研出版刊　より

第42回

せつ明文 長《なが》い文しょうを読《よ》みとる ④

つぎの文しょうを読《よ》んで、下のもんだいに答《こた》えましょう。

目は、わたしたちの顔《かお》のしょうめんにありますね。二つならんでいます。

本を読《よ》むのも、テレビを見るのも、ごはんを上手《じょうず》に食《た》べるのも、じっと立っているときでさえ、目は大かつやくをしています。

ためしに、目をつぶってかた足で立ってごらん。何《なん》びょう、立っていられるかな。

①目は、光《ひかり》がてらし出すまわりのようすや、できごとを、電気《でんき》のしんごうにかえ、*しんけいを通《つう》じてたえずのうにおくりつづけています。

人は、まわりのようすを知《し》るために、目にたよってくらしています。

1 上の文しょうは、何《なに》についてせつ明《めい》していますか。（　）に○を書《か》きましょう。（10点《てん》）

ア（　）いろいろなどうぶつの目。

イ（　）人《ひと》の目のはたらき。

ウ（　）カメラのつかい方《かた》。

2 ——①とありますが、目はどのようなものなのですか。（10点《てん》）

のうにつながっている［　　　　］のようなもの。

学習日　月　日

得点　／100点

その大切《たいせつ》な目は、じつはのうにつながっているまどのようなものです。ふしぎに思《おも》えるでしょうが、目が見ているのではなくて、目からのしんごうをのうが組《く》み立《た》てたものを、わたしたちは見ているとかんじているのです。

ものを見るはたらきは、六さいくらいまでのうちに、②そのきほんがだいたい出来上《できあ》がるといわれています。見る力もそれまでに正しくそだてておかないと、後《あと》からではうまくはたらかないことがあります。

③人の目のつくりは、カメラとよくにています。カメラには、前《まえ》の方《ほう》にレンズがあります。レンズはよこから見ると、まん中がふくらんだすき通《とお》ったガラスです。ふくらみは、光《ひかり》をあつめるはたらきがあります。くらいはこのおくにフィルムがあり、そこに＊ピントが合《あ》うようにします。

光《ひかり》のりょうをコントロールするしぼりや、シャッタースピードを合《あ》わせて〝パシャ〟。シャッ

3 ――②とありますが、何《なん》のきほんですか。（10点《てん》）

4 ――③とありますが、人の目で、つぎのカメラのぶぶんと同《おな》じはたらきをするぶぶんを、何《なん》といいますか。ひょうにまとめましょう。（一つ10点《てん》）

❶ レンズ	❷ フィルム	❸ しぼり

ターをおしてまどをあけ、光《ひかり》をフィルムにうつしとります。

人の目にも、レンズがあります。水《すい》しょう体《たい》といいます。フィルムに当《あ》たるもうまくがあり、しぼりのはたらきをするこうさいがあります。にてはいるけど、④人の目はカメラよりもっとよくできています。

遠《とお》いところを見ていて、きゅうに本などに目をやっても、ちゃんと字が読《よ》めるでしょう。カメラならレンズをとりかえたり、ピント合《あ》わせにもっと時間《じかん》がかかります。

うごいているものも、つぎつぎになめらかにつづいて見えます。フラッシュがなくても、うすぐらいところでも見えます。

＊しんけい＝のうにしげきをつたえる体《からだ》のぶぶん。
＊ピント＝光《ひかり》があつまるところ。

5 ――④とありますが、人の目には、うごいているものはどう見えるのですか。（10点《てん》）

6 上の文しょうの内《ない》ようとあっているものには○を、まちがっているものには×を（　）に書《か》きましょう。（一つ10点《てん》）

ア（　）見る力は、いくつになってもきたえることができる。

イ（　）のうからのしんごうを、わたしたちは目で見ている。

ウ（　）じっと立っているときにも、目はかつやくしている。

出典★佐藤《さとう》まもる 作『知識の絵本22 め――どうしてみえるの?――』岩崎書店刊 より

Z会グレードアップ問題集
小学2年　国語　読解

初版　第1刷発行　2013年7月1日
初版　第22刷発行　2024年6月10日

編者　Z会指導部
発行人　藤井孝昭
発行所　Z会
〒411-0033　静岡県三島市文教町1-9-11
【販売部門：書籍の乱丁・落丁・返品・交換・注文】
TEL　055-976-9095
【書籍の内容に関するお問い合わせ】
https://www.zkai.co.jp/books/contact/
【ホームページ】
https://www.zkai.co.jp/books/
装丁　Concent, Inc.
（山本泰子，中村友紀子）
表紙撮影　髙田健一（studio a-ha）
印刷所　シナノ書籍印刷株式会社

ISBN　978-4-86290-119-4

かっこいい小学生になろう

Z会
グレードアップ
問題集

小学2年

国語

読解

解答・解説

解答・解説の使い方

第2回　場めんをおさえる ①

考え方

1　「ぼく」が何をしているのかを読み取りましょう。だれが何をしているのかを読み取ることは、場面をおさえることにつながります。この物語に登場するのは「父さん」と「ぼく」です。父さんが「さあ、のぶゆき。こんどはきょうそうだ」と言っていることから、これから父さんと「ぼく」が、スキーの競争をしようとしているのだとわかります。

2　―――②の直後に、「(ぜったいまけないぞ。)」とあることに注目しましょう。父さんに負けたくないと強く思う気持ちが、「ストックに力が入った」という動作にも表れているのです。

3　「ぼく」と父さんは、スキーの競争をしようとしているところでした。この競争の結果が、どうなったのかをとらえます。父さんが「のぶゆきのかちだな」と言っていることから、「ぼく」が競争に勝ったのだとわかります。「やったあ!」は、「ぼく」の喜びの声です。登場人物のせりふや動作から、登場人物の気持ちを読み取りましょう。

答え

1　父さん・スキーのきょうそう
2　ぜったいまけないぞ
3　ウ

ポイント①
考え方では、各設問のポイントやアドバイスを示しています。

ポイント②
答えでは、正解を示しています。

※読解の仕方を学ぶための「ポイント」の回は、問題冊子の中に「こたえ」のコーナーが設けられています。また、答え合わせのない回の解答・解説は、この冊子では省略しています。

保護者の方へ

この冊子では、**問題の答え**と、**各回の学習ポイント**などを掲載しています。問題に取り組む際や丸をつける際にお読みいただき、お子さまの取り組みをあたたかくサポートしてあげてください。

本書では、教科書よりも難しい問題を出題しています。お子さまが解けた場合は、いつも以上にほめてあげて、お子さまのやる気をさらにひきだしてあげることが大切です。

第2回 場めんをおさえる ①

考え方

1 「ぼく」が何をしているのかを読み取りましょう。だれが何をしているのかを読み取ることは、場面をおさえることにつながります。この物語に登場するのは「父さん」と「ぼく」です。父さんが「さあ、のぶゆき。こんどはきょうそうだ」と言っていることから、これから父さんと「ぼく」が、スキーの競争をしようとしているのだとわかります。

2 ――②の直後に、「(ぜったいまけないぞ。)」とあることに注目しましょう。父さんに負けたくないと強く思う気持ちが、「ストックに力が入った」という動作にも表れているのです。

3 「ぼく」と父さんは、スキーの競争をしようとしているところでした。この競争の結果が、どうなったのかをとらえます。父さんが「のぶゆきのかちだな」と言っていることから、「ぼく」が競争に勝ったのだとわかります。「やったあ!」は、「ぼく」の喜びの声です。登場人物のせりふや動作から、登場人物の気持ちを読み取りましょう。

答え

1 父さん・スキーのきょうそう
2 ぜったいまけないぞ
3 ウ

第3回 場めんをおさえる ②

考え方

1 ひでやがどこにいて、何をしているのかをとらえるようにします。「前書き」の部分で場面について説明されています。ここもふくめて、ひでやがみんなからおくれてしまったことを読み取りましょう。

2 「あっ、大きな木にぶつかりそうです」という直前の一文に注目して、ひでやの行動の理由をとらえます。大きな木にぶつかりそうだったので、ひでやはさけんでしまったのです。

3 ひでやが「たすけてー!」と言ったことに対して、子どもたちが「たすけるよー」と答えていることに注目しましょう。直後に「ひでやの体をだきとめてくれました」とあるように、子どもたちはひでやをたすけるためにとびだしてきたのです。

4 「きみたち、だれ?」とひでやに聞かれて、子どもたちは「おにの子よ」と答えています。物語において、会話文はとても重要です。会話文の内容をしっかりとらえるようにしましょう。

答え

1 おくれて・走って(走り出して)
2 大きな木にぶつかりそうだったから。
3 ひでやをたすけるため。
4 おにの子

第4回 手紙を読む

考え方

1 手紙を読む際には、まずは誰が誰に書いた手紙なのかをおさえるようにしましょう。

2 続く部分に、「お父さんに、『のらないと、もっともったいないよ。』と言われて、のるようになりました」とあります。

3 「おじいちゃんにはペン立て、おばあちゃんには絵です」という一文に注目します。

4 手紙の内容をよく読んで、何を伝える手紙なのかをとらえます。アのようなことは手紙に書かれていません。イは、最後の一文にお正月に会いたいと書かれていますが、そのことを手紙で伝えようとしているわけではありません。手紙の中心は、ウの誕生日プレゼントを送ってもらったお礼を伝える内容です。

答え

1 だれが＝かける（ぼく）
だれに＝おじいちゃんとおばあちゃん

2 お父さんに「のらないと、もっともったいないよ。」と言われたから。

3 おじいちゃん＝ペン立て
おばあちゃん＝絵

4 ウ

第5回 生活文を読む

考え方

1 生活文とは、日常の暮らしの中で感じたことや考えたことを文章にまとめたものです。この文章は、「わたし」が家のお手伝いをしたことについて書かれています。「わたし」がどのようなお手伝いをしたのか、また、その経験を通じてどのようなことを考えたのかを読み取りましょう。

2 直後の一文に「そのとき、わたしはお米をとぐことをてつだいました」とあることに注目しましょう。

3 直後の一文に「お水を入れかえるとき、お米がこぼれないようにちゅういしました」とあります。

4 最後の一文に「今日だけじゃなくて、明日もたくさんおてつだいしたいと思います」とあることに注目して、この一文を答えとしてまとめます。「どんなこと」と聞かれているときは、文末を「〜こと。」とまとめることができているかどうかを確認してください。

答え

1 家のおてつだい

2 お米をとぐこと。

3 お米がこぼれないようにすること。

4 明日もたくさんおてつだいしたいということ。

第6回 はいくを作ろう

考え方

1 俳句は五・七・五の十七音からなる定型詩で、季節を表す季語を詠みこむきまりとなっています。

1 春・夏・秋・冬の季節の中から、どの季節の俳句を作るかを決めます。

2 1で選んだ季節をイメージしたときに、どのような情景が心に思いうかぶでしょうか。その情景の中にある植物や動物、行事などから詠みこむ季語を決めます。季語のイメージがつきにくい場合は、例としてあげている季語の中から選ぶようにするとよいでしょう。他にも季語はたくさんありますので、自由に選んでもかまいません。

3 多少の字余りや字足らずはかまいません。俳句のきまりをふまえて作ることができているかどうかを確認してください。

答え

1 1 【例】冬

2 【例】雪

3 【例】目ざめたら　白いっぱいの　雪げしき

第8回 話だいを読みとる①

考え方

1 話題をとらえる際には、問いかけの形で問題提起を行っている文や何度もくり返し出てくる言葉（キーワード）を探すようにします。この問題文には、「赤ちゃんザル」という言葉がくり返し登場しますので、話題はウの「赤ちゃんザルのくらし」だとわかります。遊びに限定した文章ではありませんので、イは不適切です。

2 直前に「～ので」という理由を表す表現があることに注目しましょう。

3 理由を問われているときには、文末を「～から。」とまとめることができているかどうかを確認してください。

4 選択肢と問題文をていねいに見比べましょう。選択肢の内容から見当をつけて問題文に戻り、選択肢の正誤を判断できるようになることはとても大切です。

答え

1 ウ

2 赤ちゃんをそだてるすがないから。

3 サルの社会では、食べものは自分でさがさなければならないから。

4 ア＝×　イ＝○　ウ＝×

第9回 話だいを読みとる ②

考え方

1 キーワードに注目して、話題をとらえます。どの段落にも「アメンボ」という言葉が登場していることに注目しましょう。

2 設問文にある「アメンボ」「コオイムシ」「生活」を手がかりに、答えとなる箇所に見当をつけるようにするとよいでしょう。第三段落に「アメンボのように水ぎわや水めんで生活するものを……」「コオイムシのように水中で生活するものを……」とあります。アメンボについては、第一段落から「水の上」と答えても正解です。

3 アメンボの体については、第四段落で説明されています。問題文と選択肢をていねいに見比べるようにしましょう。

4 最後の一文に理由が示されています。

答え

1 アメンボ

2 ①水ぎわや水めん（水の上）　②水中

3 ア＝○　イ＝×　ウ＝×

4 あめ（くすりあめ）ににている

第12回 気もちを読みとる ①

考え方

1 「わたし」の言動に注目して、「わたし」がどう思っているのかをとらえましょう。「そんなにくっつかないで。もっとむこうで、してよ」とあることから、「わたし」が迷惑に思っていることがわかります。この文章には「嫌だと思っている」「迷惑に思っている」ということは直接書かれていませんが、「わたし」の言動から気持ちを考えるようにしましょう。

2 たあくんにじゃまをされたため、「わたし」がせっかく作った東京タワーが崩れてしまったのです。このときの「わたし」の気持ちをとらえましょう。

3 「たあくんったら、言うことをきかないよ。たあくんのつみ木が当たっていっしょにくずれるから、はなれてほしいの」という「わたし」の言葉に注目します。一つ目の解答は「くっつかないでほしい」「むこうでしてよ」「あっちでして」など、「はなれてほしい」と同様の内容が書けていれば正解とします。

答え

1 ウ

2 ウ

3 はなれてほしい・言うことをきかない

第13回 気もちを読みとる ②

考え方

1 場面をとらえましょう。冒頭のアナウンスから、「ちちおやクラスたいこうリレー」が始まろうとしていて、それにお父さんが参加するところなのだとわかります。

2 ――②の前の部分から、あいの気持ちがえがかれている部分をさがしましょう。リレーに参加する父親に対して、あいは「きっとお父さんは、やってくれる」と期待しているのです。「やってくれる」とは、あいと同じように一とうになるということです。文末は「〜こと。」でまとめます。

3 「でも、ほかの組のお父さんもはやそうに見える……」とあることに注目します。お父さんもはやそうに見える……」とあることに注目します。お父さんの活躍を期待しながらも、ほかの組のお父さんも速そうなので、負けてしまうのではないかと不安になったのです。**ア**は「かっこいい」と言われることを不安に思っている点、**ウ**は勝ったあとのことを考えて不安に思っている点が誤りであることを確認しましょう。

答え

1 ちちおやクラスたいこうリレー

2 きっとお父さんはやってくれる(一とうになってくれる)ということ。

3 **イ**

第16回 こそあどことばをおさえて読む ①

考え方

1 こそあど言葉が指し示す言葉を探す際には、まずはこそあど言葉の直前の部分に注目します。直前に見当たらない場合は、少し前の部分に注目して探すようにします。まれにこそあど言葉よりもあとにこそあど言葉が指し示す言葉がある場合がありますが、たいていの場合はこそあど言葉よりも前の部分にあるので、まずは前の部分に注目するということを覚えておくとよいでしょう。――①「これ」は直前の『セミが鳴きやむと、雨』ということわざ」を指し示しています。

2 次の段落で「通り雨」について説明されています。

3 直前の「はげしい雨がふりますが」の部分を指しています。

4 「前のえきではどしゃぶりだったのが、つぎのえきでは雨がふったあともない」とあることに注目します。前の駅ではにわか雨があって、次の駅ではにわか雨がなかったということです。

答え

1 「セミが鳴きやむと、雨」ということわざ。

2 **イ**

3 はげしい雨がふるはんい。

4 **ア**＝当たった　**イ**＝はずれた

第17回 こそあどことばをおさえて読む ②

考え方

1 直前の「みずうみにうかぶしまのようなもの」を指しています。

2 「じょうよう車と同じくらい大きかったからです」「水の中のぶぶんを入れるともっと大きいはずです」という二文の内容を指しています。1で問題となっている「これ」というこそあど言葉は直前のせまい範囲を指し示していますが、この問題の「こんな」のように、少し広い範囲を指し示す場合もあることを覚えておきましょう。

3 直後の一文に「ビーバーをねらうてきからみをまもるために」とあります。「～ため」という目的を表す表現に注目しましょう。

4 直後の一文が「そこで」で始まっていることに注目しましょう。ここでビーバーが水がへらないようにどうしているのかが説明されています。

答え

1 みずうみにうかぶしまのようなもの。

2 じょうよう車・水の中

3 ビーバーをねらうてきからみをまもるため。

4 下りゅうにダムを作って水をせき止めている。

第19回 しを読みとる ①

考え方

1 詩の2行目に注目しましょう。「イナビカリのように走る」とあります。

2 5行目「トラは　きんいろに　ひかった」、10行目「トラは　かげいろも　つけた」とあることに注目します。トラの体は「黄色」と「黒」ですが、この詩では「きんいろ」と「かげいろ」と表現されていることに注意しましょう。

3 詩全体をよく読んで考えます。4行目に「だいすきな　ひかりで　つつもう」、9行目に「だいすきな　かげで　つつもう」とあります。

4 題名の「トラのようふく」という比喩表現が何を表しているのかをとらえましょう。トラの体のもようのことを、「ようふく」にたとえているのです。詩では比喩表現が用いられることが多いので、たとえられているものが何かをおさえながら読むようにしましょう。

答え

1 イナビカリのように走る。

2 きんいろ・かげいろ

3 ひかり・かげ

4 ウ

第20回 しを読みとる ②

考え方

1 1～3行目に注目しましょう。「雪がとけて」「ふかい土の中から」「ひびいてくる音」とあります。

2 詩の中で用いられている比喩表現についての問題です。比喩には「ように」「ようだ」などを用いて、あるものを他のものにたとえる直喩と、「ように」「ようだ」などを用いずに、直接あるものを他のものにたとえる隠喩があります。この詩の中には、「ようで」を用いた直喩表現が「たいこのようで」「ふえのようで」「あかちゃんのねいきのようで」と、三つあります。

3 1・2をふまえて考えましょう。「春の音」は、「トトントトットトト」という、ふかい土の中から聞こえてくる音です。その音について、11～13行目に「土をおしわけて」「いのちが」「出ようとしている」とあります。春は、生き物が活動を始める季節です。冬の間深い土の中にいた生き物が、春になって土の中から出ようとしている音を作者は聞いているのでしょう。

答え

1 (ふかい)土の中

2 たいこ・ふえ・あかちゃんのねいき

3 ウ

第21回 かんさつ文を書こう

考え方

1 観察する対象を決めたら、対象の様子をよく観察します。色や形、大きさなどの形状や、活動の様子や性質などを観察するようにするとよいでしょう。何をメモしてよいのかわからないでいる場合には、【かんさつのポイント】に沿って観察するように導いてあげてください。

2 メモをもとに、観察してわかったことを文章にまとめます。

答え

1 ① 【例】 朝顔の花

② 【例】

ようす＝さいている花は四つ、つぼみは三つある。

色＝むらさき色

形＝ラッパのよう。

気づいたこと＝においはあまりしない。

2 【例】 朝顔をかんさつしたら、さいている花は四つあって、つぼみは三つあった。朝顔の花はむらさき色で、ラッパのような形をしている。

においをかいでみたけれど、においはあまりしなかった。

第23回 つなぎことばにちゅういして読む ①

考え方

1 順序を表す言葉に関する問題です。前後の文章の内容をおさえて、適切な言葉を考えましょう。

2 「これ」というこそあど言葉があることに注目しましょう。直前の「何本かの丸太をしばり合わせて、いかだをつくるようになりました」の部分を指しています。「どのようなこと」と聞かれているので、文末は「～こと。」とまとめます。

3 直前の段落に、「人間は風の力をりようすることを見つけました」とあることに注目しましょう。また、続く段落に「でも、かんたんなほのしくみでしたから、風の力を十分にりようすることができず」とあります。

4 最後の一文に「そうなれば、りくづたいにすすまなくても、長いこう海をすることができます」とあります。

答え

1 イ
2 何本かの丸太をしばり合わせて、いかだをつくるようになったこと。
3 風の力
4 長いこう海

第24回 つなぎことばにちゅういして読む ②

考え方

1 続く一文に、「この女王ぶっしつによって、子どもたちをコントロールしながらすをまもっていると考えられています」とあることに注目しましょう。

2 直後に「すると」とあることに注目しましょう。たまごがふかしたら、はたらきバチが幼虫に食事をあたえるのです。

3 前の文とあとの文のつながりをとらえましょう。1 は、「羽化した↔一日だけじっとする」と、前の文の内容から予想されることに反する内容があとに続いているので、「でも」や「しかし」があてはまります。2 は、「体がかたくなるのを待つ→かみやぶって出てくる」と、前の内容にあとの内容が続いているので、「それから」があてはまります。

4 「ふたをかみやぶって出てきます」とあることに注目して、答えとなる箇所を探すようにします。

答え

1 子どもたちをコントロールしながらすをまもっている。
2 よう虫にしょくじをあたえる。
3 イ
4 二十～二十一日後

第27回 せいかくを読みとる ①

考え方

1 **2** 最初の一文に注目しましょう。へそまがりな性格のよういちが、うれしいときにはどんな顔をするのか、へそまがりとは「心の中で思っていることとはんたいのことを、言ったりしたりする人のこと」であることをふまえて考えます。

3 「『いいよ』と思っても、口のほうが先に『いやだ』と言ってしまいます」「ほんとにいやなときは、やっぱり『いやだ』と言います」とあります。よういちは『いいよ』と思うときも、ほんとにいやなときも『いやだ』と言ってしまうので、『いいよ』と言うのをだれも聞いたことがないのです。

4 「小さいころ」と、「よういちが一年生になったこのごろ」との、おばあちゃんの態度の違いをとらえましょう。

答え

1 へそまがりなせいかく。

2 **ウ**

3 『いいよ』と思ったときも、ほんとにいやなときも、『いやだ』と言う

4 おもしろがっていた・本気でおこり出すこともよくある

第28回 せいかくを読みとる ②

考え方

1 けんじの自転車については、「まだピッカピカ」とあります。これに対し、お兄ちゃんの自転車は「ハンドルはさびているし、ベルもこわれかかっています」とあります。この部分を、空欄にあうように答えとしてまとめます。

2 登場人物の行動から、性格をとらえることができているかを問う問題です。**1**をふまえて考えましょう。自転車のあつかい方についても、性格の異なるけんじとお兄ちゃんで違いが出ているのです。けんじは自転車だけでなくえんぴつやけしゴムをだいじに使います。お金もむだづかいすることはありません。そこで、**ア**の「しっかりしたせいかく」だとわかります。

3 お兄ちゃんは、自転車を雑にあつかったり、弟のけんじにお金を借りたり、電気をつけっぱなしにしたりしています。こうした行動から、お兄ちゃんは**ウ**の「だらしないせいかく」だと考えられます。

答え

1 まだピッカピカ・ハンドルがさびていて、ベルもこわれかかっている

2 **ア**

3 **ウ**

第29回 ことばをつなげてお話を作ろう

考え方

1 語群の中から言葉を三つ選んで、お話を作ります。言葉を三つ選んだら、その言葉をもとに、「だれが」「いつ」「どこで」「どうした」のかという、お話の筋を考えるようにします。そのためには、まずは登場人物を設定するとよいでしょう。そして、その登場人物がどのような行動をするのかを考えます。このとき、登場人物が、選んだ言葉にかかわる行動をするように想像していくとよいでしょう。

答え

1
1 【例】うちゅう人・ロボット・星
2 【例】うちゅう人・ぼく
3 【例】空とぶ円ばんにのったうちゅう人があらわれる。
4 【例】うちゅう人にロボットのおもちゃをあげた。
5 【例】ぼくがベランダから星を見ていたら、空とぶ円ばんがとんできて、ベランダにおりてきました。円ばんからは、うちゅう人があらわれました。うちゅう人はぼくのへやの中をふしぎそうに見ていたので、へやに入れてあげました。うちゅう人は、ロボットのおもちゃを気に入ったみたいなので、あげると言ったら、とてもよろこびました。

第31回 話のすじをつかむ ①

考え方

1 直後の一文に「色づいたのは、中のたねが、じゅくした合図です」とあることに注目しましょう。

2 こそあど言葉の指し示す内容をふまえて考えましょう。「このようなみ」は、中の種が熟して色づいた実のことです。直後に「それは、たねをつつんでいるかわや肉が、めばえを止めるはたらきをしているからです」と理由が続いています。

3 「その」はこそあど言葉ですから、前の部分に注目しましょう。

4 草や木のみのたねを野鳥が運ぶしくみをとらえましょう。

答え

1 中のたねが、じゅくした
2 たねをつつんでいるかわや肉が、めばえを止めるはたらきをしているから。
3 みのかわや肉をすっかりとりのぞくやくめ。
4 （2）たねをのみこんだ野鳥たちが遠くにとびさっていく。
（1）野鳥たちが草や木のみをついばみにくる。
（3）野鳥たちが草や木のみをしょうかして、ふんといっしょにたねをおとす。

第32回 話のすじをつかむ ②

考え方

1 直後の一文に注目しましょう。「食べものをもとめ、てきからのがれ、おすならめす、めすならおすをさがして」の部分に、前に進む三つの理由が示されています。

2 人間以外の動物は「どれもどう体をよこにして前へすすみます」とあります。これに対して、人間は「どう体をたてにして前しんする」のです。こうしたところを、筆者は「かわりもの」だと言っているのです。

3 あとに続く四つの段落の内容をとらえましょう。問題文の中に「そのうちに」「やがて」という順序を表す言葉がありますが、こうした言葉に注目して読むようにすると、話の筋がとらえやすくなります。サルの仲間が人間の祖先へと進化していった過程を順を追ってとらえるようにしましょう。

答え

1 食べものをもとめるため。
てきからのがれるため。
おすならめす、めすならおすをさがすため。

2 どう体をたてにして前しんするところ。

3 人間の手・バランス・へい地・二本足

第34回 お話をしょうかいしよう

考え方

2 お話のあらすじが正しく紹介できているかどうかを確認してください。また、お話を読んだ感想が自分なりに書けているかどうかを確認してください。

答え

1
① 【例】ジンのおばあちゃんがかぜをひいてしまう。ジンは、自分がかぜをひいたときにおばあちゃんがしてくれたことを思い出して、りんごのジュースを作っておばあちゃんにもっていって、そばで絵本を読んであげた。
② 【例】かぜをひいたおばあちゃんをしんぱいしているジンのやさしいところが心にのこった。
③ 【例】自分もおばあちゃんにやさしくしたいと思った。

2 【例】ある日、ジンのおばあちゃんがかぜをひいてしまいます。おばあちゃんのことをしんぱいしたジンは、りんごのジュースを作っておばあちゃんにもっていって、そばで絵本を読んであげました。
ぼくはジンのやさしさにかんどうしました。ぼくにもいっしょにすんでいるおばあちゃんがいるので、ぼくも、ジンのようにおばあちゃんにやさしくしたいと思いました。

第35回 インタビューを読む

考え方

1 インタビューをする側とされる側がそれぞれどのようなことを言っているかに注意して読むようにしましょう。あきらさんの「しょうぼうしょでどんなしごとをしているのですか」という質問に対する木村さんの答えに注目します。

2 消防署には大きく分けて二つの仕事があり、一つは火事を消す仕事（消火活動）で、もう一つはけが人や病人を救助する仕事（救急活動）であると木村さんは言っています。

3 あきらさんの「しごとをしていて、たいへんなことはどんなことですか」という質問に対して、木村さんは「きけんが多いことが、やはりたいへんですね」と答えています。

4 木村さんは自分が火事にまきこまれて消防署の人に助けてもらった経験から今の仕事を志したので、**イ**はまちがいです。

答え

1 火じをけすしごと。

2 びょう気をした人や、けがをした人のところにきゅうきゅう車でかけつけて、たすけるしごと。

3 きけんが多いこと。

4 **ア**＝○　**イ**＝×　**ウ**＝○

第36回 話し合いを読む

考え方

1 話し合いを読む際には、何について話し合いをしているのか、議題をつかむようにしましょう。この文章は、遠足についての話し合いをまとめたものです。最初の先生の説明から、遠足の日時や集合時間、集合場所、目的地をとらえます。

2 誰が、どのような意見を出しているのかを正確に読み取るようにしましょう。

3 「先生やはん長さんの話をよく聞いて、行どうしなければいけない」というのがあやなさんの意見です。

4 そうたさんが出したのは「しゅう合時間をきちんとまもらないといけない」という意見なので、**ウ**はまちがいです。

答え

1 ①来週の月曜日　②朝八時　③校てい　④子ども公園

2 しょうたさん・みさきさん

3 先生やはん長さんの話をよく聞いて、行どうすること。

4 **ア**＝○　**イ**＝○　**ウ**＝×

第39回　長い文しょうを読みとる ①

考え方

1 問題文のはじめの六行に注目して、おじいさんの状況をおさえましょう。

2 直前に書かれている「いつになったら、元気になれるんだろう」「店は、だいじょうぶかな」ということが、おじいさんの考えたことです。

3 「目を丸くする」という行動が、「おどろく」ことを表していることをおさえましょう。

4 木の葉の舞う様子を表す言葉を選びます。

5 木の葉にどんな言葉が書いてあったのかをとらえましょう。

6 続く部分に「遠くにすんでいるまごから、手紙をもらったような、あたたかい気もちになりました」とあることに注目しましょう。

答え

1 町のびょういん・にゅういん・まどぎわのベッド

2 ・いつになったら元気になれるのかということ。
・店はだいじょうぶかということ。

3 イ

4 イ

5 はやくげんきになってください

6 あたたかい気もち。

第40回　長い文しょうを読みとる ②

考え方

1 第一段落の「わく星」と「こう星」についての説明をよく読んでとらえましょう。

2 前の文から予想されることとは反対の内容があとに続いているので、逆接のつなぎ言葉「でも」があてはまります。

3 直前の部分ではなく、少し前の「こう星がちかちかまたたくのは」の部分を指していることに注意しましょう。

4 直前に「から」とあることに注目しましょう。ここに理由が書かれています。

5 前の一文に「わく星はたいようのまわりを回っているので」という理由が示されています。

6 直後に「そこで」というつなぎ言葉があることに注目します。このあとにどうしたかの説明が続いています。

答え

1 ①わく星　②こう星

2 ウ

3 こう星がちかちかまたたくこと。

4 こう星よりは大きく見える

5 わく星はたいようのまわりを回っているから。

6 光年というたんいをつかってあらわしている。

第41回 長い文しょうを読みとる③

考え方

1 登場人物の行動の理由をとらえます。おばあさんは「わたしのまほうの本をかえしておくれ」と言っています。

2 おばあさんの言葉に注目して、気持ちをとらえましょう。「このドロボーネズミめ！」などと言っていることから、おばあさんが腹を立てていることがわかります。

3 ねずみがおばあさんに語った内容を読み取りましょう。

4 「目を白黒させる」は、びっくりする様子を表す表現です。

5 直後の一文に注目しましょう。「おたがいにひとりぼっちで、さびしい思いをしていること」がわかったとあります。

6 「そうだんのけっか」のあとに書かれていることを答えとしてまとめます。

答え

1 ネズミにぬすまれたまほうの本をかえしてもらうため。

2 イ

3 まほうつかい・こりごり

4 ウ

5 おたがいにひとりぼっちで、さびしい思いをしていること。

6 ネズミをおばあさんのじょしゅにして、ふたりでまほうつかいの家をやっていくこと。

第42回 長い文しょうを読みとる④

考え方

1 問題文に繰り返し登場している言葉は「目」で、人の目のはたらきがカメラにたとえて説明されています。

2 第六段落に「その大切な目は、じつはのうにつながっているまどのようなものです」とあります。

3 こそあど言葉の問題では、指し示す言葉に置きかえて意味が通じるかどうかを確認するようにしましょう。

4 第十一段落で、カメラの「レンズ」「フィルム」「しぼり」が、人の目では何にあたるかが説明されています。

5 最後の段落に「うごいているものも、つぎつぎになめらかにつづいて見えます」とあります。

6 ア～ウの内容と問題文をよく照らし合わせて考えましょう。

答え

1 イ

2 まど

3 ものを見るはたらき。

4 1水しょう体 2もうまく 3こうさい

5 つぎつぎになめらかにつづいて見える。

6 ア＝×　イ＝×　ウ＝○

Z-KAI